# L'ABC de la
# maladie d'Alzheimer

# SOPHIE ÉTHIER

# L'ABC de la
# maladie d'Alzheimer

**Préface de Serge Gauthier, md**

Les Éditions du Méridien bénéficient du soutien financier du Conseil des arts du Canada pour son programme de publication.

Le Conseil des Arts du Canada DEPUIS 1957 | The Canada Council for the Arts SINCE 1957

**DISTRIBUTEURS :**

*CANADA :*
MESSAGERIE ADP
955, rue Amherst
Montréal (Québec)
H2L 3K4

*EUROPE ET AFRIQUE :*
ÉDITIONS BARTHOLOMÉ
16, rue Charles Steenebruggen
B-4020 Liège
Belgique

ISBN 2-89415-189-6

© Éditions du Méridien

Dépôt légal - Bibliothèque nationale du Québec, 1997

*Imprimé au Canada*

# TABLE DES MATIÈRES

# REMERCIEMENTS

Mes premiers remerciements vont à madame Madeleine Landry et à monsieur Armand Beaulieu, qui ont chaleureusement accepté de lire la plupart des chapitres de ce livre. Leurs commentaires, en plus de m'être fort utiles, ont confirmé la nécessité que cet ouvrage voie le jour. Effectivement, ces personnes qui sont confrontées quotidiennement à cette terrible maladie, sont mieux placées que quiconque pour juger de la pertinence d'un livre comme celui-ci.

Je dois aussi remercier mesdames Josée Lavallée, technicienne en travail social, et Louise Gingras, organisatrice communautaire et animatrice de groupes d'entraide, pour leur appui et les commentaires qu'elles ont formulés tout au long de ce travail.

Je remercie également mesdames Caroline Gendron, ergothérapeute, pour la justesse de ses propos et les précisions apportées au chapitre Motricité et Thérèse Stanhope, directeure des programmes et services à la Société Alzheimer de Montréal, pour ses commentaires judicieux.

J'exprime aussi ma gratitude à mon compagnon de vie qui, en plus de commenter presque chacun des paragraphes avec beaucoup de pertinence, m'a insufflé le courage nécessaire pour mener ce projet à terme.

Un merci tout spécial à ma mère Claudet, à mon père Lucien et à sa conjointe Louise, à ma sœur Édith et à son conjoint Jean, ainsi qu'à mes nombreux et nombreuses ami-e-s qui me nourrissent de leur fierté.

# PRÉFACE

C'est pour moi un grand honneur d'être invité à écrire la préface d'un livre qui a été rédigé pour les nombreux soignant-e-s qui consacrent plusieurs années de leur vie adulte à accompagner leur père, mère, frère ou sœur à travers les différents stades de la maladie d'Alzheimer. Cet ouvrage sera un complément extrêmement utile aux conseils obtenus auprès des différents professionnels de la santé et des volontaires œuvrant dans les Sociétés Alzheimer.

L'ordre de présentation alphabétique des chapitres facilitera la consultation du livre, mais il faudra se rappeler que l'évolution dans le temps, des symptômes subtils du début jusqu'à la perte d'autonomie fonctionnelle, procède selon des stades assez constants d'une personne à l'autre pour prévoir les besoins de six mois en six mois. Cette progression a été résumée par le Dr Barry Reisberg en sept stades, qui se décrivent comme suit :

stade 1 :   Pas d'atteinte fonctionnelle, objectivement ou subjectivement (la maladie ne s'est pas encore manifestée) ;

stade 2 :   Déficits subjectifs (comme chercher ses mots, se rappeler de la localisation des objets ou de l'heure des rendez-vous). Pas de déficit objectif à l'examen médical ;

stade 3 :   Déficits notés au travail ou en société ; il peut y avoir de la difficulté à se rendre seul dans des endroits non familiers ;

stade 4 :    Besoin d'assistance pour les tâches complexes (finances, planifier un repas élaboré,
faire l'épicerie);

stade 5 :    Besoin d'assistance pour le choix des vêtements, se laver; incapacité à conduire un
véhicule automobile seul;

stade 6 :    Besoin d'assistance pour mettre ses vêtements, prendre bain ou douche, aller à la
toilette; incontinence;

stade 7 :    Langage limité, difficultés à se déplacer, à
s'asseoir, à sourire.

Les conseils fournis dans ce livre s'appliquent surtout aux stades 4, 5 et 6, alors que la personne a de plus en plus besoin de supervision pour les activités de tous les jours. La période d'agitation des stades 5 et 6 ne se produit pas chez tous les patients avec la même intensité.

Comme l'a précisé l'auteure, il ne faut pas prendre tout le fardeau sur votre épaule et il ne faut pas hésiter à faire appel aux diverses ressources qui vous sont disponibles. Ainsi, les centres de recherche spécialisés dans cette maladie peuvent aider à travers les stades 3, 4 et 5 avec des essais de médicaments nouveaux. Les Sociétés Alzheimer offrent de nombreux cours aux soignants. Les programmes de jour sont souvent plus propices pour les patients dès le stade 5, facilitant l'hébergement temporaire puis permanent aux stades 6 et 7.

Vos observations seront précieuses pour mieux comprendre et traiter cette maladie. Je me joins à Madame Éthier pour vous inviter à nous en faire part.

Serge Gauthier, md*

---

\* Le docteur Serge Gauthier est directeur du Centre McGill d'Études sur le vieillissement à l'hôpital Douglas depuis 1987. De plus, il occupe les charges suivantes : Professeur titulaire aux départements de neurologie et neurochirurgie, de psychiatrie et de médecine à l'Université McGill ; Membre associé du département de pharmacologie et thérapeutique et de l'école de physiothérapie et d'ergothérapie de l'Université McGill ; Membre associé du Centre de recherche Côte-des-Neiges de l'Université de Montréal.

# INTRODUCTION

Assumer la prise en charge d'une personne atteinte de la maladie d'Alzheimer requiert une réorganisation complète de votre vie. Non seulement le temps normalement consacré aux loisirs est amputé, mais celui réservé aux activités sociales et personnelles est complètement accaparé par ce nouveau rôle de «soignant». Les activités de la vie quotidienne, auparavant effectuées spontanément, deviennent l'aspect central de votre vie. Elles revêtent une telle ampleur que plusieurs soignants y perdent leur santé, ne sachant comment s'y prendre efficacement.

La capacité de faire face à ce nouveau rôle de soignant dépend de plusieurs facteurs. Parmi ceux-ci, il y a votre personnalité, votre propre manière de gérer cette situation. De plus, votre compréhension de la maladie et de ses conséquences sera directement liée à votre façon d'agir avec la personne. Ces connaissances sont essentielles et de nombreux livres sont disponibles pour vous aider à les acquérir; il est primordial de les consulter ou de vous informer auprès de personnes compétentes.

Enfin, le soutien que vous obtiendrez de la famille, des amis et des services sociaux est lui aussi déterminant. Personne, pas même vous, ne peut endosser seul la responsabilité complète d'une personne atteinte de ce type de maladie.

Finalement, un autre facteur caractéristique de la capacité de faire face à cette situation est l'importance du fardeau, à la fois émotionnel et physique, relié à cette maladie. Tenter de diminuer ce fardeau par la mise en œuvre de stratégies qui facilitent les activités quotidiennes est le principal objectif de *L'ABC de la maladie d'Alzheimer*.

Ce livre constitue un outil de consultation visant à aider les principaux soignants[1]. Bien qu'il puisse être utile aux gens qui ne demeurent pas avec la personne atteinte de la maladie, il s'adresse avant tout aux conjoints ou aux enfants qui partagent la vie quotidienne avec elle. Ce livre est conçu de manière à être à la fois facile à consulter et accessible, autant dans sa forme que dans son contenu. Les causes possibles, les symptômes et les étapes de la maladie n'y sont pas expliqués. Vous y trouverez cependant des conseils pratiques que vous pourrez utiliser dès maintenant. Ainsi, j'espère que cet ouvrage contribuera à alléger votre tâche.

Avant d'entreprendre la lecture de ce livre, il est essentiel de bien saisir que les personnes atteintes sont d'abord des êtres humains, ayant chacun une personnalité distincte. Ainsi, elles ne réagissent pas toutes de la même façon à leur entourage et la maladie a sur chacune d'elles des répercussions différentes. Dans cet ordre d'idée, certaines suggestions vous sembleront inappropriées à votre situation, et d'autres n'auront pas l'efficacité attendue. Néanmoins, ces conseils vous aideront sûrement à trouver la bonne manière d'agir. Cela dit, il n'existe pas de recette miracle qui fonctionne

---

1. Étant donné que les femmes constituent la très grande majorité des soignants principaux, le féminin sera dorénavant utilisé.

dans tous les cas, avec toutes les personnes et tout au long de la progression de la maladie.

Par ailleurs, afin de tirer profit des conseils donnés dans ce livre, il est essentiel, avant tout, d'accepter la maladie. Accepter, bien malgré soi, que cette maladie est irréversible et qu'on ne peut la guérir. Comprendre aussi que le seul traitement, actuellement, consiste à vous adapter à la personne et à ses déficiences en lui offrant un environnement à la fois libre et structuré. Finalement, il faut consentir à ne pas lutter contre la maladie et les séquelles intellectuelles et physiques qui l'accompagnent, mais apprendre à vivre malgré elles.

Certains des conseils donnés dans ce livre ne vous sembleront utiles que dans plusieurs mois, voire plusieurs années. Toutefois, il est indispensable que vous soyez informée de manière à vous préparer. Plus vous saurez ce qui vous attend, plus votre adaptation à cette situation sera facile. À cet effet, je vous recommande de consulter dès maintenant un notaire afin de clarifier les aspects juridiques reliés à l'inaptitude qu'entraîne la maladie. Le document de Me Hélène Brassard, *La maladie d'Alzheimer et l'accompagnement légal*, vous informera sur ce sujet.

Votre cheminement au cours de la maladie risque d'être sinueux, il comportera des moments agréables, mais d'autres extrêmement difficiles. Cependant, sachez que des personnes compétentes sont disponibles pour vous assister, si vous en faites la demande. Conséquemment, je souhaite que ce livre puisse vous venir en aide, mais aussi qu'il ne soit pas le seul appui dont vous disposerez.

Comme ce livre ne propose pas de stratégies pour prendre soin de vous, je vous conseille fortement de lire celui de Bruno Fortin et Sylvain Néron, *Vivre avec un malade... sans le devenir!*, qui constitue un complément indispensable puisque votre santé est votre arme principale dans la lutte contre la maladie d'Alzheimer.

Bonne chance, et sachez que vous n'êtes pas seule!

## Lectures recommandées

❖ *La maladie d'Alzheimer et l'accompagnement légal*
par Hélène Brassard, disponible à la Société Alzheimer de votre région.

❖ *Vivre avec un malade... sans le devenir!*
par Bruno Fortin et Sylvain Néron (1991) aux Éditions du Méridien (Montréal).

#  GITATION (AGRESSIVITÉ)

Avant d'aborder la question de l'agitation, il serait utile d'éclaircir certaines notions. D'abord, l'agressivité est issue d'un excès d'agitation. Donc, les personnes atteintes de la maladie d'Alzheimer peuvent être agitées sans toutefois devenir agressives, et la maladie en elle-même ne cause pas l'agressivité.

En effet, certaines personnes ne deviennent jamais agressives durant la maladie, et d'autres le sont parce qu'elles ont toujours été indépendantes ou autoritaires. Ainsi, elles le demeurent tout au long de la maladie et cet état peut même s'accentuer étant donné la difficulté qu'elles éprouvent à composer avec le déclin de leurs capacités intellectuelles dont notamment la mémoire, le jugement, la pensée, la perception, l'orientation, le raisonnement et l'apprentissage. Il apparaît alors important de ne pas conclure systématiquement que l'agressivité est un symptôme de la maladie, mais plutôt, dans certains cas, de la considérer comme une conséquence.

Attendu qu'il est envisageable d'agir sur de nombreuses causes de l'agitation afin de la contrôler, on peut, de ce fait, prévenir l'agressivité. La première étape consiste à identifier l'élément déclencheur, qui peut se retrouver; soit dans l'environnement; soit dans la façon dont on aborde la personne atteinte; soit provenir de la personne elle-même. Si vous êtes en mesure de savoir à quels moments de la journée la personne est agitée, à propos de quels sujets et en compagnie de quelles personnes, vous pourrez ainsi agir directement sur les causes.

## EN PRÉVENTION DE L'AGITATION

Parmi les causes possibles d'agitation, on peut retrouver les suivantes :

### ■ LA FATIGUE

❖ Sachez reconnaître les signes de fatigue de la personne : bâillements, irritabilité, somnolence ou difficulté à suivre les conversations. La personne peut également se lever et mettre son manteau. Dans ce cas, considérez son besoin de repos ou de solitude. Si ce besoin n'est pas respecté, la fatigue pourrait rendre la personne irritable.

❖ Respectez scrupuleusement l'heure du repos et du coucher. Il vous sera ainsi plus facile de prévenir la fatigue.

❖ Planifiez une sieste au cours de l'après-midi, à condition que cette dernière ne provoque pas d'insomnie la nuit (voir à ce sujet le chapitre Nuit).

❖ Organisez les activités (visites, bains, marches...) au moment de la journée où la personne présente une condition physique favorable. Cela risque de la rendre moins intolérante en raison de la fatigue.

❖ Prévoyez une période de repos ou de relaxation après une activité, de manière à permettre une récupération à la fois pour elle et pour vous.

❖ Observez si le sommeil de la personne est perturbé par un bouleversement de son horloge biologique, c'est-à-dire si elle dort le jour et demeure éveillée la nuit. Si c'est le cas, gardez-la alerte le jour (dans la mesure du possible) en l'occupant à des activités. Pour certaines personnes, une médication appropriée peut aider à retrouver le cycle normal du sommeil (voir à ce sujet le chapitre Nuit).

## ■ L'INCONFORT PHYSIQUE

❖ Assurez-vous que la personne soit confortable : vérifiez la température de la pièce et veillez à ce que ses vêtements soient convenables (ni trop petits ni trop serrés) et qu'elle soit bien assise.

❖ Consultez un médecin afin de vous assurer qu'elle n'a pas de problèmes physiques (par des examens visuel, auditif, dentaire, gynécologique, etc.). La personne qui éprouve une douleur physique causée par une maladie, une infection ou une chute, peut ne pas être en mesure de vous le faire savoir autrement qu'en devenant agressive lorsque la douleur se fait sentir.

❖ Offrez-lui un régime riche en fibres comportant du son d'avoine, du blé entier ainsi que des pruneaux et des légumes, si la personne est constipée. En effet, la constipation peut lui occasionner une douleur qui la rende agressive. Dans certains cas, des laxatifs peuvent être appropriés. Si vous les utilisez, informez-vous à quel moment ceux-ci devraient produire leur effet et ne dépassez jamais la dose recommandée.

❖ Assurez-vous que la personne soit bien hydratée en lui offrant régulièrement à boire.

❖ Rappelez-lui d'aller uriner si elle n'y pense pas, une vessie pleine étant très inconfortable.

❖ Laissez la personne circuler librement si elle a besoin de marcher. Sinon, elle deviendra exaspérée de se sentir contrainte dans ses mouvements (voir à ce propos le chapitre Fugue).

## ■ LA MAUVAISE INTERPRÉTATION DES ÉVÉNEMENTS

❖ Observez l'environnement au moment où une période d'agitation survient. Lorsqu'une personne atteinte de la maladie d'Alzheimer ne reconnaît pas les choses, elle peut être effrayée, par exemple, par une simple botte qu'elle croit être un chien, par un rideau soulevé par le vent ou par l'ombre d'un lampadaire sur le plafond de sa chambre.

❖ Censurez la télévision. On peut prévoir que des émissions violentes entraîneront de l'agitation chez une personne qui n'est plus en mesure de faire la part des choses entre la réalité et la fiction.

❖ Renoncez à convaincre la personne atteinte que quelque chose n'est pas dangereux si elle croit le contraire, qu'il n'y a rien si elle voit quelque chose, ou qu'il fait chaud si elle a froid; elle pourrait se sentir insultée. Si elle en est convaincue, essayez de résoudre son problème, de la rassurer. Par exemple, dites-lui : «*Je vais augmenter le chauffage si tu as froid*», mais ne le faites pas. Une personne qui n'est plus en mesure de raisonner de la même façon qu'avant, ou comme vous le faites, peut réagir avec agressivité lorsqu'on la contrarie.

❖ Sachez que vous ne mentez pas à la personne en lui répondant de cette façon. Vous êtes seulement stratégique face à une situation qui, autrement, pourrait dégénérer et vous demander davantage d'énergie.

❖ Considérez le fait qu'il est angoissant pour elle de ne pas pouvoir attribuer un sens à ce qu'elle fait, entend, voit et perçoit, et que cela peut générer de l'agitation.

## ■ LES STIMULI TROP NOMBREUX OU NON FAMILIERS

❖ Diminuez au minimum les stimuli de l'environnement. Évitez, par exemple, qu'elle soit exposée à des situations semblables : le chat miaule parce qu'il a faim, les adolescents écoutent de la musique dans la pièce voisine, le téléviseur fonctionne et vous essayez de lui communiquer une information. Ces situations lui demanderaient effectivement une concentration et une tolérance qu'elle n'a plus.

❖ Diminuez le volume de la sonnerie du téléphone si cette dernière est trop forte et qu'elle surprend la personne à chaque fois qu'elle retentit.

❖ N'invitez qu'un ou deux parents ou amis à la fois. Trop de gens amèneraient plusieurs sujets de conversation et risqueraient ainsi de perturber la personne, qui n'arriverait plus à suivre ce qui se déroule.

❖ Limitez la durée et le nombre de visites que vous effectuez ensemble si cela semble créer de l'agitation.

❖ Invitez plutôt les gens chez vous si des visites à la famille, chez les amis ou chez le médecin causent des problèmes. La routine sera ainsi plus simple à respecter et l'environnement demeurera connu de la personne.

## ■ LES HALLUCINATIONS

❖ Assurez-vous que l'agitation ne soit pas causée par des hallucinations. Si c'est le cas, informez-vous auprès de votre médecin ou de votre pharmacien, afin de savoir si ces dernières ne sont pas les effets secondaires d'un médicament quelconque ou de la combinaison de plusieurs.

❖ Sachez que les hallucinations consistent à voir, à entendre ou à sentir quelque chose qui, en réalité, n'existe pas. Par ailleurs, les illusions sont une déformation de la réalité. Par exemple, la personne atteinte peut entendre le bruit de l'eau de la douche et être convaincue qu'il s'agit d'une averse.

❖ Replacez la personne dans le contexte si elle a des illusions, sans toutefois discréditer ce qu'elle vous a dit. Par exemple : « *C'est vrai que le bruit qu'on entend ressemble à une averse, mais il s'agit de la douche.* » Ou encore, si elle pense qu'il y a des gens dans la maison, faites le tour des pièces avec elle et rassurez-la en lui disant que les visiteurs sont partis.

❖ Pensez à éteindre le téléviseur ; la personne pourrait croire que les personnages qu'elle voit sont assis dans son salon.

❖ Tenez compte de ce que la personne vous communique lorsqu'elle a des hallucinations sans toutefois lui faire croire que vous les voyez aussi. Par exemple, rassurez-la en lui disant : *« Moi je ne vois pas le trou que tu vois, mais je comprends que tu aies peur.»* Il est important de ne pas la contrarier, en lui disant par exemple : *« Il n'y a rien sur le mur, qu'est-ce que tu dis là ?»* Elle pourrait réagir avec agressivité si elle sentait qu'on ne la croit pas.

❖ Distrayez-la si cela ne fonctionne pas. Parlez-lui d'autres choses, amenez-la ailleurs, attirez son attention sur son chat ou un album de photos.

## ■ LES CONFRONTATIONS

❖ Gardez-vous de contrarier la personne atteinte. Si elle vous dit qu'elle est allée cueillir des fraises ce matin, dites-lui : *« Et bien, alors on en mangera tout à l'heure. Tu as eu une bonne idée!»* Si vous vous obstinez, il risque d'être long et ardu de clore cette conversation. De toute façon, dans peu de temps, elle l'aura certainement oubliée (voir à ce sujet le chapitre Oublis).

❖ Passez outre les erreurs de la personne. Évitez par exemple les commentaires du genre : *« Pourquoi as-tu encore laissé la bouilloire électrique sur le poêle ?»* De

**29**

toute façon, elle niera probablement son geste en prétendant ne pas en être responsable.

❖ Considérez qu'elle puisse nier ses erreurs ou refuser votre aide dans un effort pour conserver son auto-nomie, sa fierté, son indépendance. Ainsi, ne tentez pas de lui faire avouer ses erreurs et de les corriger.

## ■ L'INCAPACITÉ À EFFECTUER DES ACTIVITÉS COMPLEXES

❖ Différenciez les activités que la personne peut exécuter toute seule de celles qui demandent une assistance ou qu'il faut faire à sa place. Cela évitera qu'elle se sente frustrée de son incapacité ou, au contraire, qu'elle perçoive votre bonne volonté de l'aider comme du maternage si elle est encore apte à les faire seule.

❖ Évitez de lui demander d'effectuer seule une activité devenue impossible à accomplir, à cause de sa com-plexité, sous prétexte qu'elle «l'a toujours faite avant» ou dans le but de lui «apprendre» à la faire.

❖ Décomposez plutôt l'activité en étapes, les plus courtes possibles, de manière à ne donner qu'une directive à la fois. Par exemple, «*Mange tes carottes*» peut être découpé en «*Prends la fourchette dans ta main. Pique la carotte avec la fourchette. Mets la carotte dans ta bouche*».

❖ Remarquez que sa capacité de concentration et d'attention est réduite. Ainsi, favorisez des activités et des conversations de courte durée.

❖ Allouez-lui le temps nécessaire pour comprendre, répondre et réagir à ce que vous lui dites, ou à ce que vous voulez qu'elle fasse.

## ■ LA ROUTINE NON RESPECTÉE

❖ Respectez, autant que possible, l'heure du lever, du bain, des repas, des visites, etc. La personne atteinte en sera moins désorientée et offrira moins de résistance aux directives.

❖ Donnez le temps à la personne de s'adapter si vous devez modifier sa routine, par exemple lors d'une visite à la famille, d'un voyage ou d'une hospitalisation. La période d'adaptation peut être plus longue pour certaines personnes, et il est important de leur accorder le temps nécessaire.

## ■ LA RÉACTION À VOTRE COMPORTEMENT

❖ Efforcez-vous de ne pas exprimer votre impatience, votre colère ou votre insécurité en présence de la personne par des soupirs, des claquements de porte ou autrement. Elle ressentira ce que vous ressentez, sans toutefois en comprendre la raison, et réagira peut-être avec colère.

❖ Assurez-vous que votre communication avec elle est adéquate, et adaptée à ses déficits et à ses capacités. Pour ce faire, consultez le chapitre Communication. La manière de dire et de comprendre les choses, ainsi que la contradiction entre vos communications verbales et non verbales, peuvent en effet être une source considérable d'agitation chez la personne atteinte de la maladie.

❖ Soyez honnête et exprimez vos émotions de façon à ce qu'elle ne se sente pas responsable de votre attitude. Il vaut mieux lui dire : «*Je suis fâchée, mais ce n'est pas de ta faute et ça va passer, ne t'inquiète pas*» ou «*Je suis fâchée à cause de ce que tu as fait, mais je t'aime quand même*», que de lui dire que tout va bien si tel n'est pas le cas.

❖ Abstenez-vous de toucher, d'embrasser ou de caresser quelqu'un qui n'est pas familier avec ce genre de contacts physiques : il risque de mal réagir. Bien que, pour la plupart des personnes atteintes, les marques d'affection soient très appréciées, il arrive parfois qu'elles soient perçues comme une menace.

❖ Traitez la personne en adulte, en évitant de l'infantiliser dans votre façon de lui parler, ou dans les activités proposées. Elle pourrait s'en apercevoir et mal réagir.

❖ Efforcez-vous, dans la mesure du possible, de parler de la personne atteinte, de ses symptômes ou de ses comportements lorsqu'elle est absente. Sans quoi elle pourrait ne pas comprendre l'ensemble de la conversation et n'en saisir que quelques bribes lesquelles, prises hors contexte, pourraient lui faire de la peine, la choquer ou la rendre agressive.

Il est possible que vous ne compreniez pas pourquoi la personne atteinte est agressive. Dans ce cas, vous pouvez simplement lui dire que vous comprenez qu'elle soit fâchée ou frustrée à cause de ce qui lui arrive. La personne se sentira comprise, appuyée et rassurée, et cela peut être suffisant pour la calmer.

## AU MOMENT DE L'AGITATION OU DE L'AGRESSIVITÉ

❖ Évaluez si le comportement agressif est dangereux pour elle ou pour quelqu'un d'autre. Si tel est le cas, prenez les mesures nécessaires pour le faire cesser. Sinon, laissez-la faire et attendez quelques minutes, le temps que la personne s'apaise.

❖ Tentez de garder votre calme. Évitez d'argumenter et d'élever la voix lors de ces moments.

❖ Tentez de distraire ou de divertir la personne, sans toutefois la contrarier, si aucun moyen n'a pu éviter la période d'agitation. Par exemple, employez ce type d'argument : « *C'est vrai que Lise n'a pas été gentille avec toi, viens on va aller faire une promenade.*» Lorsque vous reviendrez, il est probable que la personne aura tout oublié. Pendant la période d'agitation, évitez ce genre de réaction : « *Pourquoi t'énerves-tu ? Lise est gentille avec toi, elle ne t'a rien fait!*»

❖ Rassurez-la en lui affirmant que vous l'aimez et que vous êtes là pour l'aider.

❖ Permettez à la personne atteinte de faire une crise si tout a été tenté pour l'éviter et que rien n'a fonctionné, dans la mesure où elle est en sécurité et vous aussi.

❖ Déplacez-vous lentement si vous devez faire un mouvement afin qu'elle ne perçoive pas votre déplacement comme une agression physique envers elle.

❖ Placez-vous dos à la porte, afin de pouvoir sortir plus rapidement si vous êtes en danger.

❖ Quittez la pièce quelques instants. Lorsque vous ne serez plus dans son champ de vision, il est possible que cela l'apaise et qu'à votre retour, elle ait oublié son agitation ainsi que les raisons qui l'ont provoquée.

❖ Demandez de l'aide si cela semble être la meilleure façon de vous protéger. Il est rare que les crises d'agressivité soient aussi violentes, mais il est préférable de savoir comment y faire face au cas où elles se produiraient.

❖ Souvenez-vous qu'il est plus facile de distraire la personne dans les premiers moments d'agitation que de vivre une crise. Sachez reconnaître ces moments et les prévenir.

## APRÈS LA PÉRIODE D'AGITATION OU D'AGRESSIVITÉ

❖ Gardez-vous de discuter de la crise qui vient de se produire. Rappelez-vous que la personne ne se souviendra probablement pas de cet événement quelques minutes plus tard.

❖ Évitez de «punir» la personne de quelque manière que ce soit suite à un épisode difficile. Cette attitude ne ferait que contribuer à rompre le lien de confiance déjà établi entre elle et vous.

❖ N'ayez recours à une médication que dans les cas d'extrême agressivité ou de violence qui demeurent incontrôlables, après avoir tenté au préalable d'en identifier la cause et d'y remédier. Étant donné que tout médicament occasionne des effets secondaires, n'en utilisez qu'en dernier recours et avec l'accord du médecin.

❖ Consultez un médecin et faites-lui part de tout effet secondaire que vous observez. Il est possible que le médicament ne convienne pas, ou que la dose ne soit pas appropriée.

❖ Admettez que la personne ne contrôle plus très bien ses émotions. En effet, il est possible que certains comportements vous paraissent inadéquats, mais la personne ne cherche pas, en général, à vous manipuler. Elle interprète tout simplement mal ce qui se passe, elle réagit à ses propres frustrations.

❖ Jugez ces comportements étranges (ou dérangeants) autrement que vous ne le feriez à l'égard d'une personne en santé. La maladie d'Alzheimer provoque des atteintes neurologiques (du système nerveux) qui engendrent ce type de comportement.

❖ Rédigez un journal dans lequel vous décrirez les périodes d'agitation, et ce qui a été tenté (et réussi) pour les désamorcer. Cela pourrait vous aider à mieux identifier «quand, comment et pourquoi» la personne atteinte est agitée.

Ne vous sentez surtout pas coupable et incompétente après une crise d'agitation ou d'agressivité. Vous n'êtes pas responsable de la maladie, et encore moins de ses effets sur la personne. ❖

# CHAPITRE

# B
AIN

L'hygiène est généralement une activité intime. Il apparaît alors évident que l'impact personnel et familial pour une personne qui n'est plus en mesure d'assumer seule, en partie ou en totalité, cette activité est énorme.

Il est donc indispensable de comprendre que ce moment peut s'avérer très inconfortable et très humiliant pour la personne atteinte de la maladie d'Alzheimer et, aussi, pour celle qui doit superviser, assister ou accomplir cette tâche. En effet, certaines personnes ne se sont jamais dévêtues devant quiconque à part leur conjoint. Se dénuder devant leurs enfants ou des professionnels devient alors très difficile.

Il demeure également essentiel de clarifier certains éléments. D'abord, la personne atteinte de la maladie risque de ne plus comprendre la pertinence et l'intérêt de l'hygiène. Alors, il est possible qu'elle néglige ou refuse catégoriquement de se laver, et qu'il faille l'encourager à le faire.

En outre, il est possible que la période du bain soit une activité laborieuse chaque jour ; alors qu'un bain par semaine peut être suffisant, à plus forte raison pour les personnes qui avaient cette habitude. Étant donné que cette activité peut nécessiter un certain temps, il est important d'en prévoir suffisamment et de choisir le moment approprié pour y procéder. Souvenez-vous que c'est à vous de vous adapter à la personne atteinte de la maladie, et non l'inverse. Évidemment, ceci dans les limites de vos possibilités, compétences et intérêts.

Surtout, tentez d'éviter les discussions sur le POUR-QUOI du bain. La personne n'étant plus en mesure de raisonner, cette discussion risque d'être une perte de temps et d'énergie. Il est préférable de trouver une façon agréable de l'amener à se laver, plutôt que de tenter de lui en donner toutes les justifications.

## LA PRÉPARATION AU BAIN

❖ Vérifiez la température de la pièce, de façon à ce qu'il ne fasse ni trop froid, ni trop chaud.

❖ Remplissez le bain à l'avance. Il peut arriver que la personne atteinte soit d'accord pour prendre un bain, mais que l'attente lui semble trop longue et qu'elle change d'avis par la suite ou ne se souvienne plus de vous avoir dit oui.

❖ Préparez les débarbouillettes, les serviettes, le savon, le coupe-ongles, la poudre, la lotion, etc., tout ce dont vous pourriez avoir besoin. Cela vous évitera de laisser la personne seule pendant quelques minutes, au cours desquelles il pourrait se produire une chute ou quelque autre accident.

❖ Assurez-vous que l'eau soit à la température et au niveau désiré par la personne atteinte de la maladie. Demandez-le lui, si c'est possible.

❖ N'emplissez la baignoire que très peu, certaines personnes ne pouvant tolérer plus de cinq centimètres (deux pouces) d'eau. Allez-y selon les réactions de la personne atteinte, si cette dernière n'est pas en mesure de s'exprimer.

❖ Assurez-vous d'avoir suffisamment de temps pour le bain. Si vous êtes pressée, vous risquez de brusquer la personne qui pourrait manifester de la résistance, et le bain pourrait alors être plus long et, surtout, plus pénible.

❖ Choisissez le moment opportun. Si la personne est fatiguée, très désorientée ou agitée, il serait souhaitable d'attendre un autre moment de la journée ou un autre jour.

❖ Ayez toujours une approche calme et rassurante lorsque vous proposez le bain. Par exemple : « *Papa, viens dans la salle de bain, ton bain est prêt. Nous allons finir notre conversation là-bas.* »

❖ Proposez-lui de prendre soit une douche, soit un bain, ou de se laver maintenant ou après le repas, si la personne est en mesure de faire des choix.

❖ Excluez cette possibilité de choix si vous êtes persuadée qu'elle répondra toujours : « *Non je ne me lave pas* » ou « *Je me suis lavée tout à l'heure* ».

❖ Permettez à la personne, pour la rassurer, de toucher l'eau avant de l'asseoir dans la baignoire.

❖ Assurez-vous qu'elle ait uriné avant de la faire entrer dans la baignoire.

## AU MOMENT DU BAIN

### ■ LA DÉSORIENTATION[2]

❖ Consultez le chapitre Désorientation si la personne refuse de se laver parce qu'elle a perdu la notion du temps (elle croit que ce n'est pas le moment de se laver), de l'espace (elle n'arrive pas à localiser la salle de bain), ou la mémoire des personnes (elle ne vous reconnaît pas et refuse de se dévêtir devant une «étrangère»).

### ■ LE MANQUE D'INTIMITÉ

❖ Fermez la porte de la salle de bain et tirez les rideaux de la douche et de la fenêtre pendant que la personne prend son bain ou sa douche, afin de ne pas porter atteinte à sa pudeur. Prenez garde, toutefois, de ne pas verrouiller la porte.

❖ Installez un «œil magique» pour voir de l'extérieur ce que la personne fait dans la salle de bain. Cela vous permettra de la surveiller sans être vue.

❖ Couvrez-lui les épaules ainsi que la poitrine avec une serviette ou une jaquette d'hôpital, alors que vous lui lavez les pieds, les jambes ou les parties

---

2. Voir Lexique

génitales si elle est assise sur un banc dans la baignoire.

❖ Évitez d'être plusieurs personnes dans la salle de bain afin de ne pas créer un surplus de stimulation et de respecter son intimité, sauf si l'entrée et la sortie du bain requiert de l'aide supplémentaire.

## ■ LA PEUR

❖ Efforcez-vous d'identifier la source de la peur. Effectivement, la personne atteinte peut avoir peur de tomber, de se laver les cheveux, du bruit de l'eau, du savon, de la débarbouillette, etc. Ces peurs peuvent lui faire refuser le bain.

❖ Emplissez la baignoire à l'avance si elle a peur du bruit de l'eau et n'en mettez que très peu si elle semble effrayée par la baignoire qui lui paraît plus profonde.

❖ Disposez des barres d'appui sur le mur et sur la paroi de la baignoire, de même que des tapis antidé-rapants dans le fond de celle-ci, si la personne craint de glisser.

❖ Offrez-lui une débarbouillette pour qu'elle puisse se recouvrir le visage si elle a peur d'avoir de l'eau dans les yeux.

❖ Servez-vous d'un savon en crème (liquide) si elle a peur de la barre de savon, et de vos mains si elle refuse la débarbouillette.

## ■ LA ROUTINE NON RESPECTÉE

❖ Conservez l'ancienne routine de la personne quant à l'heure de la toilette, la façon (bain ou douche), et la durée.

❖ Gardez, dans la mesure du possible, toujours la même soignante pour aider la personne à prendre son bain. Cette dernière sera ainsi moins désorientée, moins pudique et offrira moins de résistance.

## ■ L'INCAPACITÉ À EFFECTUER UNE ACTIVITÉ COMPLEXE

❖ Décomposez en étapes les actions à exécuter. Par exemple : « *Ton bain est prêt. Tu peux enlever ta robe de chambre. Maintenant, entre dans le bain. Assieds-toi. Prends cette débarbouillette. Mets du savon dessus. Frotte la débarbouillette sur ton bras...* » C'est important de bien lui indiquer les étapes à effectuer.

❖ Montrez-lui comment faire, par exemple, pour laver son bras si elle n'effectue pas le geste d'elle-même. Ainsi, il est probable qu'elle saisisse mieux l'action à faire ou qu'elle imite votre geste.

❖ Savonnez, rincez et essuyez vous-même la personne atteinte lorsque la maladie a progressé et qu'elle n'y parvient plus toute seule.

❖ Faites cependant attention de ne pas lui enlever son autonomie si elle est encore en mesure d'exécuter cette tâche. Laissez-la faire et armez-vous de patience ; cela risque d'être plus long que si vous le faisiez à sa place.

# ■ LA RÉSISTANCE

❖ Guidez-la doucement si elle refuse de se laver parce qu'elle ne sait plus comment s'y prendre. Vos consignes, simples et claires, l'aideront à mieux comprendre.

❖ Faites des compromis si la période du bain est trop difficile. La personne peut se laver seule au lavabo ou vous pouvez le faire pour elle. Ainsi, un bain ou deux par semaine peuvent suffire.

❖ Proposez-lui une récompense qu'elle aime. Par exemple, « *Viens prendre un bain ; ensuite on va manger du chocolat*».

❖ Essayez de séparer le lavage des cheveux de la période du bain. Parfois, la personne associe le bain à la sensation désagréable d'avoir les cheveux mouillés ou d'avoir de l'eau dans les yeux et cela peut lui faire refuser le bain. Aussi, vous pouvez utiliser un shampoing sec que vous trouverez en pharmacie, ou amener la personne au salon de coiffure.

❖ Donnez-lui une débarbouillette avec laquelle la personne atteinte de la maladie pourra jouer pendant que vous faites sa toilette. Peut-être se lavera-t-elle un peu, en imitant les gestes que vous faites.

❖ Faites écouter de la musique relaxante à la personne et/ou massez-lui le dos. Cela contribuera à la détendre et, ainsi, à faciliter les choses.

❖ Faites écrire une prescription par son médecin : «Bain, 2 fois par semaine»; venant du médecin c'est souvent plus crédible.

❖ Attendez, et recommencez plus tard ou une autre journée si la personne atteinte refuse de se laver. Évitez de vous énerver et d'insister car cela aggraverait la situation. Il est préférable que la personne perçoive cette activité positivement et non pas comme une corvée.

❖ Adoptez une stratégie. Il est parfois nécessaire de prendre votre bain d'abord, puis de lui dire que c'est à son tour. Ou, si vous voyez qu'elle accepte de se laver seulement lorsqu'une sortie est prévue, organisez-lui en.

❖ Dites-lui, à chacune des étapes, ce que vous faites : « *On va savonner ton bras, le rincer. D'accord. Maintenant donne-moi l'autre bras.* » Il est indispensable que la personne comprenne ce qui se passe.

## APRÈS LE BAIN

❖ Assurez-vous que la personne atteinte soit bien sèche avant de lui remettre ses vêtements ou son pyjama.

❖ Mettez-lui de la lotion, de la crème, de la poudre ou ce que la personne avait l'habitude d'employer.

❖ Conservez ses anciennes habitudes quant à son apparence et ce, dans la mesure de vos possibilités et de vos capacités : faites-lui la barbe, coiffez-la ou maquillez-la, même si aucune sortie n'est prévue. Il est important qu'elle conserve sa fierté et son estime d'elle-même.

❖ Remarquez, pendant que vous habillez ou lavez la personne, si elle a des rougeurs, des boutons ou d'autres irruptions cutanées anormales. Parlez-en à son médecin ou à l'infirmière du CLSC[3] si elle vous rend visite.

❖ Enveloppez-lui les épaules et la poitrine avec une serviette, pendant que vous essuyez ses pieds ou lui coupez les ongles. Il est important de préserver sa pudeur.

❖ Employez un langage simple et respectueux, notamment si vous lui parlez de ses organes génitaux.

❖ Discutez d'un sujet agréable de façon à la distraire et à atténuer le problème relié à la pudeur.

## MESURES DE SÉCURITÉ

❖ Évitez de laisser seule la personne atteinte. Supervisez à tout moment, mais subtilement si la personne refuse votre présence.

❖ Remplissez la baignoire une fois que la personne y est assise. Si la baignoire est pleine, il y a des risques de chute à l'entrée.

❖ Videz la baignoire avant de sortir la personne s'il y a des risques de chutes.

❖ Évitez l'huile de bain car ce produit rend la baignoire glissante et dangereuse. Il vaut mieux appliquer

---

3. Voir Lexique

l'huile directement sur la peau de la personne, après son bain.

❖ Favorisez l'emploi d'une «douche-téléphone» afin de faciliter le lavage des cheveux.

❖ Encouragez-la à prendre un bain (ou à s'asseoir sur un banc) et servez-vous de la «douche-téléphone». C'est plus sécuritaire et plus facile pour vous qu'une douche conventionnelle. En effet, la douche ne vous permet pas de bien la laver puisque vous devez demeurer à l'extérieur (sauf si vous prenez votre douche avec elle). De plus, l'équilibre est plus difficile à maintenir pour la personne si elle reste un certain temps debout dans la douche.

❖ Faites attention si vous utilisez de la poudre : le plancher peut devenir glissant.

Vous pouvez vous procurer le matériel de sécurité nécessaire dans les magasins spécialisés. Consultez l'annuaire des pages jaunes, à la rubrique «fauteuils roulants».

Pour de plus amples renseignements sur la façon d'adapter la salle de bain et l'environnement général de la personne atteinte de la maladie, consultez le chapitre Environnement.

## L'HYGIÈNE DE LA BOUCHE ET DES PIEDS

❖ Vérifiez l'hygiène de ses dents, puisqu'elle peut oublier de les brosser, ou le faire de façon inadéquate.

Comme la personne n'est pas toujours en mesure de vous exprimer sa douleur, il est important aussi qu'elle visite régulièrement le dentiste.

❖ Suggérez-lui de se rendre chez un dentiste lorsque la maladie en est à ses débuts, car il sera de plus en plus difficile de l'y amener à mesure que la maladie progressera.

❖ Informez-vous auprès de la Société Alzheimer de votre région[4] afin de savoir s'il existe des dentistes qui se spécialisent dans le soin des dents des personnes atteintes de la maladie d'Alzheimer. Certains dentistes ont en effet ce genre d'expertise.

❖ Lavez ses prothèses dentaires (si elle n'a plus ses dents naturelles) lorsqu'elle n'est pas en mesure de le faire elle-même.

❖ Profitez-en pour vérifier l'état de ses gencives et assurez-vous que ses prothèses soient confortables et bien ajustées.

❖ Suggérez-lui d'employer un rince-bouche si elle n'a plus de dents ou si vous n'arrivez pas à les lui laver. Ces rince-bouches contiennent, entre autres, des éléments antibactériens efficaces. Faites toutefois attention qu'elle n'avale pas le produit. Dites lui clairement : « *Garde le liquide un moment dans ta bouche. Ne l'avale pas. Maintenant, crache dans le lavabo.* »

❖ Assurez-vous aussi que ses ongles de pieds soient coupés droits afin d'éviter les ongles incarnés. La

---

4. Voir Liste des Sociétés Alzheimer

période du bain offre une opportunité de le faire puisque les ongles sont souples.

❖ Demandez au CLSC de vous envoyer une personne compétente pour vous montrer comment les couper de manière convenable, si vous ne savez pas comment vous y prendre. ❖

# CHAPITRE

# Communication

La communication avec la personne atteinte de la maladie d'Alzheimer demeure un aspect fondamental lorsqu'on veut en prendre soin. Néanmoins, elle peut s'avérer très difficile, voire impossible si l'on s'attend à communiquer avec la personne de la même façon qu'on le faisait avec elle antérieurement.

Afin de bien communiquer, il est essentiel d'avoir envie de le faire et de s'adapter aux capacités de la personne atteinte de la maladie, afin que la communication soit réciproque. Une communication adéquate, équilibrée et agréable fait souvent une différence quant à la qualité de la relation que vous maintiendrez avec la personne.

Par ailleurs, une bonne communication demande du temps. Par conséquent, ne vous attendez pas à être en mesure de toujours appliquer ces conseils. Il arrivera souvent que vos échanges soient quand même difficiles ; surtout, ne vous en sentez pas responsable. Accordez-vous du temps, et surtout le droit de faire des erreurs.

Les problèmes reliés à la communication et au langage sont nommés «aphasie»[5]. L'aphasie peut se

---

5. Voir Lexique

manifester de deux façons. Premièrement, la personne atteinte est affectée dans sa compréhension du langage et n'arrive plus à suivre aussi facilement les conversations, particulièrement s'il y a beaucoup de gens présents, et que les sujets sont complexes.

Par contre, elle peut prononcer des mots. Cependant, il lui arrive d'éprouver de la difficulté à trouver le terme qui exprime le mieux sa pensée, d'employer un mot à la place d'un autre, d'omettre des liaisons ou des verbes et de déformer ou d'inventer des mots. Cette réduction grammaticale peut rendre son message incompréhensible. Aussi, elle peut répéter sans cesse les mêmes phrases et, plus tard, le même mot.

Ensuite, la personne n'arrive plus toujours à se souvenir du sens d'un mot ou de son utilité. Ce qui a pour effet de brouiller la conversation. Les phrases peuvent, de plus, s'entremêler les unes avec les autres.

Deuxièmement, l'aphasie se caractérise par l'incapacité de produire des sons ou d'exprimer un message. En somme, la personne atteinte de la maladie en arrive à ne plus pouvoir exprimer verbalement ce qu'elle ressent, ou voudrait communiquer.

Tout cela demeure complexe. Ce chapitre vise à vous conseiller sur les moyens de faciliter la compréhension mutuelle, et à favoriser le maintien d'un contact agréable.

# PRÉPARER LA COMMUNICATION

❖ Approchez-vous doucement et calmement de la personne. Si vous êtes brusque et qu'elle ne comprend pas
ce qui se passe, la personne pourra être effrayée, et
ne plus être en mesure de saisir l'ensemble de ce que
vous vouliez lui communiquer.

❖ Manifestez votre arrivée en faisant un peu de bruit
et de manière à ce qu'elle vous voie venir. Ainsi, elle
sera moins surprise ou effrayée que si elle vous
entendait parler sans avoir réalisé préalablement
que vous arriviez. Ou encore, touchez-lui délicate-
ment l'épaule en lui disant bonjour.

❖ Assurez-vous que l'environnement soit favorable à
la communication. Pour ce faire, supprimez toutes
les distractions, tant auditives (radio, séchoir à
cheveux ou aspirateur) que visuelles (télévision ou
va-et-vient continuel des gens), qui pourraient nuire
à la conversation.

❖ Vérifiez que l'éclairage soit adéquat, de façon à ce
que la personne puisse bien voir.

❖ Maintenez votre regard au même niveau que celui
de la personne. Par exemple, si la personne est
assise sur une chaise ou dans un fauteuil roulant, ne
restez pas debout devant elle. Assoyez-vous, vous
aussi. Le contact visuel est ainsi plus facile à maintenir et la relation, plus égalitaire.

❖ Servez-vous de votre sens de l'humour. Cela aide à
rendre l'atmosphère plus agréable et moins lourde.

Faites cependant attention à l'humour abstrait ou sarcastique, qui pourrait être mal interprété.

❖ Sachez reconnaître la présence de problèmes auditifs ou visuels, et vérifiez si c'est cela qui perturbe la communication. Si tel est le cas, effectuez les démarches en conséquence.

## LORSQUE LA PERSONNE REÇOIT UN MESSAGE

### ■ ÉTABLIR LE CONTACT

❖ Assurez-vous de son attention lorsque vous exprimez votre message, en vérifiant si elle vous regarde bien dans les yeux, et si elle n'est occupée à aucune autre activité à ce moment.

❖ Orientez convenablement la personne. Nommez-la par son prénom ou présentez-vous, par exemple : « *Charles, notre fille Denise est ici pour nous voir* » ; ou « *Bonjour Pierre, j'ai pensé que la visite de ton ami Robert te ferait plaisir ce matin* ». Cela permet, d'une part, de mieux identifier le visiteur et, d'autre part, de situer la personne dans le temps et dans l'espace (voir à ce sujet le chapitre Désorientation).

❖ Établissez et maintenez un contact visuel, c'est-à-dire regardez la personne atteinte dans les yeux lorsque vous lui parlez. Vous serez davantage en mesure de savoir si elle ne comprend pas ce que vous lui dites, ou si elle ne désire plus communiquer. Également, elle aura moins tendance à se laisser distraire par l'environnement et sera ainsi plus attentive à vos directives.

❖ Touchez-la lorsque vous lui parlez, ou prenez-lui la main. En plus d'être agréables et réconfortants, ces gestes contribuent à maintenir le contact.

## ■ PRENDRE L'INITIATIVE

❖ Amorcez la conversation. Cela lui évitera le malaise de ne pas savoir quoi dire, la peur de se tromper de mot, ou l'angoisse de ne pas reconnaître la personne avec laquelle elle parle.

❖ Démarrez la conversation simplement, en utilisant des rituels sociaux connus : « *Ça va bien ? Il fait beau aujourd'hui !* » et embrassez-la ou serrez-lui la main. Ou encore, parlez-lui de sa famille.

❖ Dirigez la conversation dans le sens qu'elle le désire lorsque vous discutez ensemble. En d'autres termes, suivez ses intérêts.

## ■ ÉCLAIRCIR ET SIMPLIFIER LE DISCOURS

❖ Parlez lentement et articulez bien chacun des mots. Comme il devient parfois difficile pour elle de saisir le sens de certains mots, il est indispensable qu'elle les entende clairement afin d'augmenter les chances qu'elle comprenne bien le message.

❖ Utilisez un langage simple et des phrases courtes. N'oubliez pas que la personne atteinte a une compréhension plus ou moins limitée ; ajustez votre vocabulaire en conséquence.

❖ Soyez concise dans vos messages étant donné qu'elle a une capacité de concentration réduite.

❖ Assurez-vous que vos phrases ne contiennent qu'une idée à la fois. Par exemple, « *Il faut que tu t'habilles pour aller chez notre fils Jean pour le baptême de sa fille*» est trop complexe. Commencez par lui dire : « *On va descendre au rez-de-chaussée. Enfile tes bottes. Maintenant mets ton manteau. Voilà ton chapeau.*» Une fois que la personne est habillée, vous pouvez lui annoncer que vous allez visiter votre fils.

❖ Habituez-vous à faire une pause entre chacune de vos phrases, de manière à ce qu'elle les assimile bien.

❖ Utilisez un langage concret afin d'éviter les ambiguïtés. Par exemple, dans certains cas, « *As-tu envie de faire pipi ?*» sera plus efficace que « *Veux-tu aller à la salle de bain ?*» En effet, la personne pourrait mal décoder votre message et croire que vous voulez qu'elle prenne un bain. La maladie s'accompagne d'une difficulté à saisir les abstractions. Tenez-en compte.

❖ Évitez les pronoms personnels, qui peuvent causer des ambiguïtés. Utilisez les noms des personnes dont vous parlez : « *Chantal est venue*» plutôt que « *Elle est venue*».

❖ Faites attention aux expressions à double sens et aux proverbes comme «Garde ton sang-froid» ou «Le chat parti, les souris dansent». Il est probable qu'elle prenne l'expression au pied de la lettre et et qu'elle vous demande : « *Où il est le chat ?*»

❖ Employez des phrases affirmatives plutôt que néga-
tives : « *Tiens, essuie la vaisselle, tu vas beaucoup m'aider*»
est mieux que : « *Non! Ne lave pas la vaisselle, tu vas
tout casser.*»

❖ Répétez-lui votre message si nécessaire, et ce, dans
les mêmes termes que la première fois. Si vous
modifiez votre énoncé, elle aura l'impression qu'il
s'agit d'un autre message.

❖ Changez de phrase si vous voyez que le message
n'est pas du tout compris. Il est probable qu'un mot
soit trop compliqué, ou que votre phrase contienne
plusieurs idées, qu'elle soit trop complexe.

❖ Échangez sur des thèmes familiers et connus de la
personne depuis plusieurs années, comme sa famille,
un animal qu'elle possédait et aimait bien étant enfant,
le métier qu'elle exerçait ou celui de ses parents.

❖ Gardez-vous de lui expliquer, de vous justifier ou de
tenter de la convaincre puisqu'elle n'est plus en
mesure de raisonner à ce niveau. Contentez-vous de
lui donner des informations simples et générales.
Par exemple, il n'est pas nécessaire de lui exposer
de façon logique où son argent est placé, la raison
de ce choix et les éventuels bénéfices que cela lui
apportera par rapport à un autre type de placement.
Simplement lui dire : « *Ne t'en fais pas avec ça, fais
confiance à notre fille, elle est honnête et s'occupe très bien
de tout ça*», devrait la rassurer.

## ■ ÉVITER LES CONFRONTATIONS

❖ Suggérez-lui des idées plutôt que de lui en imposer. Par exemple : « *Tu devrais faire ton casse-tête, tu le réussis bien*», au lieu de « *Fais ton casse-tête*».

❖ Évitez les questions ouvertes du genre « *Que désires-tu faire aujourd'hui ?*» si la personne n'est plus en mesure d'y répondre. Si elle le peut encore, n'hésitez pas à les poser.

❖ Optez pour des questions fermées telles : « *Veux-tu aller au cinéma ?*». De cette façon, elle n'a qu'à vous répondre par un oui ou par un non, sans avoir à choisir parmi une multitude d'activités possibles.

❖ Évitez les confrontations du genre : « *Ça fait dix fois en quinze minutes que tu me demandes l'heure!*» Dites-lui plutôt quelque chose du genre : « *Tu trouves que le temps ne passe pas vite, n'est-ce pas ?*» Ou bien, répondez à sa question comme s'il s'agissait de la première fois qu'elle vous la posait même si cela exige beaucoup de patience.

❖ Établissez vos limites, sans toutefois confronter la personne. Par exemple, « *Tu as raison, on va retourner à la maison, mais avant il faut aller au dépanneur*».

## ■ SE SERVIR DU GESTUEL

❖ Utilisez des photos en parlant des membres de la famille. En plus d'être agréable et d'évoquer de bons souvenirs, cela permet à la personne de bien identifier de qui l'on parle.

❖ Servez-vous de la communication non verbale (visuelle ou gestuelle). Présentez-lui, par exemple, une pomme lorsque vous lui demandez si elle désire en manger une. De même, touchez le manteau qu'elle porte en lui disant de l'enlever. Cela contribue à rendre le message plus clair.

❖ Assurez-vous cependant que vos gestes sont cohérents avec le message exprimé. Par exemple, lui dire que tout va bien en montrant votre impatience par des gestes nerveux est contradictoire. La personne atteinte conserve bien, en général, le sens du langage gestuel.

❖ Prenez l'initiative des actions que la personne ne fait pas d'elle-même. Si vous lui dites : « *Lève-toi* », il est possible qu'elle ne le fasse pas. Alors que si vous lui prenez le bras en disant la même chose, il est très probable qu'elle le fera. Aussi, vous pouvez lui demander : « *Voudrais-tu m'aider à faire le lit ?* », tout en commençant à le faire. Elle saura mieux ce que vous voulez qu'elle fasse, et elle le fera probablement avec vous. De façon générale, ces personnes conservent longtemps leur capacité d'imiter les gestes.

❖ Soyez attentive à vos communications non verbales. La personne va très bien savoir si vous êtes tendue, fâchée ou frustrée. Il lui est plus facile de saisir l'émotion que vous vivez que le message que vous lui exprimez.

## ■ RESPECTER LES BESOINS

❖ Laissez la personne seule si elle vous fait savoir qu'elle désire rompre une conversation. Elle peut, pour ce faire, utiliser le non verbal : vous tourner le dos, quitter la pièce ou refuser de vous regarder dans les yeux.

## ■ ALLOUER LE TEMPS NÉCESSAIRE

❖ Assurez-vous d'avoir suffisamment de temps pour discuter ou donner des directives. La personne ne doit pas se sentir brusquée puisqu'elle a besoin de temps pour comprendre l'information, l'analyser et réagir à celle-ci. Ce qui peut expliquer, en partie, son silence de quelques secondes avant de répondre à une question.

❖ Vérifiez que l'information est bien reçue : « *Tu as bien compris qu'on part chez Caroline tout à l'heure ?* »

❖ Attendez la réponse à votre question avant d'en poser une autre.

❖ Conservez un ton de voix normal. La personne atteinte entend ce que vous lui dites ; lui parler fort est tout à fait inutile, d'autant plus qu'elle risque de croire que vous êtes en colère. Laissez-lui le temps de comprendre.

# LORSQUE LA PERSONNE EXPRIME UN MESSAGE

## ■ DÉCODER LE MESSAGE

❖ Écoutez attentivement ce que la personne essaie de vous dire. Si vous ne comprenez pas, demandez-lui doucement de répéter. Faites-lui savoir lorsque vous avez compris en répétant ce qu'elle a dit : « *Tu veux savoir à quelle heure on dîne ?*»

❖ Faites ressortir le mot compréhensible, s'il n'y en a qu'un, et tentez de poser des questions pour clarifier le message. Si, par exemple, vous avez compris «dîne», vous pouvez lui demander : « *Tu veux savoir à quelle heure on dîne ?*» « *Tu veux savoir ce que j'ai préparé pour dîner ?*» « *Tu te demandes si notre fils va venir dîner avec nous ?*» Comme vous connaissez la personne ainsi que ses intérêts, vous arriverez sûrement à trouver ce qu'elle tente de vous exprimer.

❖ Aidez-la à trouver le mot qui manque dans sa phrase si la personne le cherche. Il n'est cependant pas nécessaire de finir toute la phrase pour elle. À moins que vous ne sentiez que cela la rassure.

❖ Demandez-lui à quoi sert cet objet, ou à quel endroit il est situé si vous êtes incapable de comprendre le mot qui lui échappe. Il est possible qu'elle vous réponde « *l'affaire où l'eau sort*» pour vous parler du robinet. Vous remarquerez que beaucoup de mots sont remplacés par «l'affaire», «la chose», «le bidule», «le machin», etc.

❖ Décodez le message qu'elle tente d'exprimer lorsqu'elle substitue des mots de même consonance, par exemple : «heure» au lieu de «beurre», ou qu'elle combine deux mots ensemble : «chantalon» pour dire chandail ou pantalon.

❖ Décelez le sentiment qu'elle ressent si vous êtes incapable de comprendre le sens de ce qu'elle vous communique. Par exemple, *« Tu as l'air de trouver cela amusant»*. Riez avec elle si elle répond oui, même si vous n'avez pas tout à fait saisi la raison. Parfois, cela semble être suffisant.

❖ Reconnaissez les codes que la personne utilise. Chaque fois qu'elle dit «bain», cela peut vouloir dire qu'elle a besoin d'uriner ; «eau», qu'elle a soif, etc.

❖ Dressez une liste de ces codes de manière à vous en souvenir et à pouvoir les transmettre à une autre personne lorsque vous devrez vous absenter (voir à ce sujet le chapitre Gardiennage).

## ■ LES MESSAGES ÉTRANGES

❖ Abstenez-vous d'argumenter si elle vous raconte quelque chose d'incohérent ou de mensonger. Parfois on peut lui dire : *«Je ne pense pas que cela se soit passé exactement comme ça...»* Si vous voyez que la personne est choquée ou agitée par cette confrontation, concluez tout de suite avec quelque chose du genre : *« Plus j'y pense, plus c'est toi qui as raison.»* Elle sera satisfaite et vous éviterez peut-être une longue et désagréable discussion.

❖ Passez outre, sans le lui faire remarquer, le fait qu'elle puisse parler d'elle à la troisième personne. En effet, elle peut vous exprimer sa faim en disant : « *Elle a faim.* »

## LA COMMUNICATION NON VERBALE

❖ Servez-vous du langage non verbal : les sourires, les touchers, les caresses dans les cheveux, etc. Vous pouvez simplement lui tenir la main en écoutant un peu de musique. Elle comprendra que vous l'aimez et que vous prenez soin d'elle, même si elle demeure incapable de vous l'exprimer verbalement.

❖ Décodez les signaux ou les façons qu'elle a de vous faire savoir ce qu'elle ressent ou ce dont elle a besoin. Il est possible qu'elle pleure parce qu'elle est contente de vous voir, parce qu'elle vient d'uriner dans sa culotte, ou parce qu'elle a une douleur. Étant donné que la maladie entraîne une perte de contrôle des émotions, n'associez pas systématiquement les pleurs à la tristesse, mais voyez plutôt ceci comme une façon d'exprimer un message.

❖ Distrayez la personne si la communication est difficile. Chantez-lui des chansons de l'époque de sa jeunesse, coiffez-lui les cheveux. Ces actions sont aussi des moyens de communication.

❖ Exploitez la présence de son animal domestique. La communication avec un animal (le flatter, le brosser, le caresser, etc.) est simple et demeure une bonne façon de conserver le contact avec l'extérieur. De plus, cela permet à la personne atteinte de donner et de recevoir de l'affection, ce qui est fort appréciable.

❖ Utilisez les sens de l'odorat, du goût et du toucher dans vos communications si le langage ne suffit plus. Par exemple, faites-lui sentir une jonquille en lui disant : « *C'est la première fleur que tu m'as offerte lorsqu'on s'est rencontré.* »

❖ Ne vous sentez pas obligé de parler sans cesse. Sachez que votre seule présence auprès d'elle est réconfortante.

❖ Rappelez-vous que la communication va au-delà des mots et de la parole. Votre corps et le sien communiquent également. Il n'est donc pas toujours nécessaire de se parler pour bien communiquer.

❖ Faites attention à ce que vous dites en sa présence. En général, les personnes atteintes de la maladie comprennent mieux qu'elles ne s'expriment. Ne jugez donc pas de sa capacité de comprendre en fonction de sa capacité de communiquer verbalement.

## LA COMMUNICATION ÉCRITE

❖ Servez-vous de messages écrits afin de lui rappeler des consignes qu'elle a tendance à oublier, par exemple : le message « sous-vêtements » peut-être affiché sur le tiroir correspondant si elle est en mesure de le lire, ou : «Rase-toi la barbe», inscrit sur le miroir de la salle de bain.

❖ Assurez-vous qu'elle comprenne bien ce qu'elle lit. Il arrive parfois que la personne atteinte décode les lettres, et prononce les mots sans toutefois en saisir le sens, comme si vous lisiez une autre langue sans la comprendre.

❖ Évitez de lui faire remarquer que son écriture change ou qu'elle commence à faire des fautes d'orthographe. Vous allez en effet vous apercevoir qu'elle éprouvera de la difficulté à former des lettres. Il est probable qu'elle passe des lettres attachées aux lettres moulées, qu'elle a apprises les premières (voir à ce sujet les chapitres Oublis et Motricité).

❖ Utilisez des dessins lorsqu'elle n'est plus en mesure de comprendre les messages écrits.

❖ Sachez que, dans certains cas, les personnes atteintes de la maladie d'Alzheimer perdent la faculté de communiquer à l'aide du langage verbal, tout en conservant la capacité de communiquer par écrit. Si tel est le cas, n'hésitez pas à utiliser des messages écrits. ❖

# CHAPITRE

# D ÉSORIENTATION

La désorientation se caractérise par la perte de la capacité à se situer dans le temps (désorientation temporelle), dans l'espace (désorientation spatiale), et par rapport aux personnes. Dans ce chapitre, elle sera traitée sous ces trois formes, qui apparaissent généralement dans cet ordre au cours de l'évolution de la maladie d'Alzheimer.

La désorientation dans le temps se définit par une incapacité à fournir un repère temporel, soit l'heure, la date ou l'année. Il arrive, en effet, que la personne atteinte de la maladie se croit véritablement en 1950 et que toutes ses actions, ainsi que son discours, soient en fonction de cette perception. En outre, elle n'est plus en mesure de saisir l'abstraction que représente le temps et d'en concevoir le déroulement. C'est ainsi qu'elle peut vous poser la même question à toutes les minutes, soit qu'elle a oublié vous l'avoir déjà posée, soit qu'elle a l'impression que sa demande remonte à longtemps.

En fait, plus la maladie progresse, plus la mémoire à court terme s'étiole, et plus la personne se situe dans sa mémoire lointaine. Ainsi, ses repères se trouvant dans le passé, l'orientation dans le temps présent devient complexe. Le chapitre Oublis vous donnera des renseignements supplémentaires à ce sujet.

Quant à la désorientation dans l'espace, la personne éprouve de la difficulté à se situer à l'intérieur de la résidence de gens peu connus ou inconnus, ainsi qu'à l'extérieur sur des routes qu'elle connaissait pourtant très bien. Ensuite, elle est également désorientée dans son propre domicile, bien qu'elle y vive depuis plusieurs années. Il est donc nécessaire qu'elle vive dans un environnement le plus stable possible, avec très peu de changement.

Aussi, il est essentiel de reconnaître à quel moment il devient inquiétant de laisser la personne sortir seule. S'il vous est difficile de l'en empêcher, consultez le chapitre Fugue.

Enfin, la désorientation par rapport aux personnes peut être définie comme étant l'incapacité à reconnaître quelqu'un. Elle reste la plus pénible à accepter pour la famille. En effet, il est insupportable de prendre soin d'une personne qui, un jour, vous demande : «Qui êtes-vous madame ?» Néanmoins, ce chapitre vise à élucider les raisons pour lesquelles la personne atteinte de la maladie ne vous reconnaît plus.

Afin de composer avec la désorientation par rapport aux personnes le plus sereinement possible, bien que cela soit loin d'être facile, la première étape est de comprendre et d'accepter cet état comme faisant partie de la maladie et de ne pas le considérer différemment des autres comportements.

La désorientation, que ce soit dans le temps, dans l'espace ou par rapport aux personnes, se développe graduellement, bien qu'elle puisse se manifester une journée et être absente le lendemain. Du reste, on constate qu'elle se manifeste davantage en début de soirée, qu'elle prend de plus en plus d'ampleur avec la progression de la maladie, et tend à devenir permanente.

## DÉSORIENTATION DANS LE TEMPS

### ■ PAR RAPPORT AUX JOURNÉES

❖ Tentez, lors de vos conversations, de situer la période de temps dans laquelle vous êtes. Par exemple : « *Il fait froid ce matin pour un 15 mai.* » Ou, si vous lui lisez un article de journal, commentez-le en disant : « *Ce n'est pas possible que cela arrive encore en 1995!* »

❖ Utilisez un calendrier avec de gros chiffres, sur lequel vous pourrez inscrire les rendez-vous du médecin, les visites de la famille ou des amis, les bains ou toute autre activité afin qu'elle puisse s'y référer.

❖ Rayez ou cochez chacun des jours qui passe de manière à ce que la personne puisse mieux situer le jour et la date. Dites-lui que vous faites cela pour vous, que cela vous permet de vous souvenir des événements importants, si la personne se sent vexée.

❖ Conservez, dans la mesure du possible, une routine. Par exemple, prenez vos rendez-vous chez le médecin toujours la même journée. Également, les activités telles que les repas, la sieste et le bain devraient toujours se pratiquer au même moment de la journée pour lui permettre de se situer dans le temps, à savoir qu'il est l'heure de se coucher après le bain.

❖ N'informez la personne des activités à réaliser qu'à la toute dernière minute, afin d'éviter de devoir répéter inlassablement la même chose. En effet, comme la personne n'a plus la notion du temps, lui dire : « *On va partir jeudi de la semaine prochaine* » est totalement inutile car vous risquez qu'elle ne retienne que l'idée de partir et qu'elle vous demande des dizaines et des dizaines de fois à quel moment vous partirez.

## ■ PAR RAPPORT AUX HEURES

❖ Procurez-lui, si vous devez effectuer cet achat, un réveille-matin avec de gros chiffres et des aiguilles, puisque c'est avec ce type de cadran qu'elle a appris à lire l'heure, et qui réfère à sa mémoire ancienne. Cependant, il est possible que la personne puisse vous dire où sont situées les aiguilles sans en comprendre le sens (voir le chapitre Oublis pour des renseignements concernant la mémoire ancienne).

❖ Établissez un horaire de la journée que vous pourrez afficher si cela contribue à orienter la personne dans le temps. Par exemple, inscrivez :

Lundi le 2 octobre 1995

 9h00 Déjeuner
10h00 Bain
11h00 Télévision
11h30 Marche
12h30 Dîner ...

❖ Évitez de déterminer un temps futur avec précision, par exemple : «*Nous partirons dans trois heures.*» Parler en terme de nombre d'heures peut être trop abstrait pour quelqu'un qui n'est plus en mesure d'évaluer le temps qui passe. Dites-lui simplement «*plus tard*» ou «*après le souper*» et parlez-lui de sujets immédiats et concrets comme : «*Elle te va bien ta chemise.*»

❖ Maintenez un éclairage plus intense le jour que la nuit. Cela pourrait l'aider à mieux s'orienter, à savoir s'il est 10h00 du matin ou du soir.

❖ Programmez sa montre, si c'est possible, afin qu'elle sonne aux heures des repas ou d'un départ. Ainsi, elle sera prévenue des moments importants sans avoir à vous le demander. De plus, si elle demande sans arrêt à quelle heure est le repas, vous pourrez lui répondre «*Lorsque ta montre sonnera*».

❖ Laissez-lui un message tel : «*Je suis au sous-sol. Je remonte à 1h30*» si la personne croit que vous l'avez abandonnée durant des heures chaque fois qu'elle ne vous voit pas pendant quelques minutes.

## ■ PAR RAPPORT AUX SAISONS ET AUX ANNÉES

❖ Remisez les vêtements hors saison. Il sera plus facile pour la personne de ne pas prendre l'hiver pour l'été si seuls ses vêtements d'hiver lui sont accessibles. De cette façon, si elle sort toute seule, il y a moins de risques qu'elle ne soit pas vêtue convenablement. De plus, cela facilite et simplifie le choix qu'elle devra faire avant de s'habiller (voir à ce sujet le chapitre Vêtements).

❖ Conjuguez vos verbes au passé lorsque vous discutez ensemble de son passé, et ce, même si elle emploie les siens au présent. En plus de tenir une conversation agréable, vous contribuerez à orienter la personne dans le temps en situant les événements dans le passé. Si elle persiste à en parler au présent, n'insistez pas.

❖ Évitez de raisonner et de faire admettre à quelqu'un qui se croit à l'été 1942 que nous sommes à l'automne 1995. Allez-y doucement en lui disant, par exemple : « *Oui, je me souviens de cette époque-là. On était bien. Te souviens-tu de la fois où... ?*» Insistez sur le temps passé de vos verbes. Si elle persiste à se croire en 1942, changez de sujet en douce.

## DÉSORIENTATION DANS L'ESPACE

❖ Situez la personne dans la maison afin qu'elle y reconnaisse les pièces qu'elle fréquente régulièrement, en particulier la salle de bain. Procédez à l'aide d'un écriteau ou d'une photo ou bien en laissant les portes ouvertes.

❖ Rangez toujours de la même façon les meubles et les objets. Il n'est pas recommandé, par exemple, de modifier l'aspect de votre salon, ne serait-ce que de changer un fauteuil d'endroit. La personne pourrait ne pas s'y reconnaître.

❖ Conservez votre calme si la personne soutient qu'elle n'est pas chez elle, alors qu'elle y est. En fait, c'est qu'elle ne reconnaît pas l'endroit dans lequel elle est et/ou les personnes qui y sont présentes.

❖ Amenez-la dans une pièce familière, par exemple sa chambre à coucher, et présentez-lui un objet qu'elle aime et qu'elle devrait reconnaître comme étant le sien. Parlez-lui doucement en la rassurant.

❖ Rassurez-la si elle ne se croit toujours pas chez elle. Tenez-lui la main, dites-lui que l'important c'est que vous soyez ensemble et que vous êtes là pour l'aider. Généralement, cette situation est de courte durée.

❖ Parlez-lui de ses parents si elle déclare vouloir rentrer «chez elle». Pour elle, à ce moment là, «chez elle» signifie chez ses parents, elle ne reconnaît alors plus l'endroit où elle est comme étant sa demeure. Vous pouvez doucement lui dire, sans toutefois tenter de la convaincre, que maintenant c'est là qu'elle vit.

❖ Allez faire une promenade ou faire un tour de voiture avec elle, si c'est possible, lorsqu'elle persiste à vouloir rentrer «chez elle». De cette manière, vous créerez une diversion et ainsi, quand vous reviendrez, elle aura probablement oublié. Avant de rentrer, vous pourrez lui dire : « *Si on rentrait à la maison ? Je suis un peu fatiguée.*» Elle devrait, de cette manière, se sentir chez elle.

❖ Souvenez-vous que, si la personne veut partir alors qu'elle est chez elle, cette réaction peut être attribuée au fait qu'elle est inconfortable dans la situation présente.

❖ Vérifiez alors si ses vêtements et la température de la pièce sont confortables et adéquats.

❖ Demandez-lui si elle a un malaise ou tentez de le percevoir, si la personne n'est pas apte à vous répondre clairement.

❖ Assurez-vous qu'il n'y ait pas de gens qui lui sont désagréables dans son entourage, qui la contrarient ou qui lui demandent d'effectuer des tâches ou des activités qu'elle n'est plus en mesure d'exécuter.

❖ Tentez de vous rappeler ce qui s'est produit juste avant qu'elle ne veuille partir ou qu'elle ne reconnaisse plus son environnement. Par exemple, le fait qu'à son retour de la salle de bain, certaines personnes ne soient plus assises au même endroit, ou qu'il manque des gens. Ou bien, peut-être a-t-elle eu de la difficulté à localiser la salle de bain ou l'endroit d'où elle est partie?

❖ Faites-lui visiter sa nouvelle demeure ou le centre d'hébergement à quelques reprises avant qu'elle déménage, si c'est le cas, afin qu'elle s'y habitue graduellement (voir à ce propos le chapitre Hébergement).

❖ Sachez que la modification de son environnement lui demandera une période d'adaptation et amènera une désorientation plus ou moins considérable. Il est donc primordial d'avoir ceci en mémoire si vous envisagez de faire un voyage où, de fait, l'environnement, les gens et la langue parlée lui sont étrangers.

## DÉSORIENTATION PAR RAPPORT AUX PERSONNES

❖ Identifiez-vous lorsque vous arrivez de manière à ne pas créer d'ambiguïté et à vous assurer que la personne sache bien à qui elle s'adresse.

❖ Dites-le lui si vous avez changé votre apparence récemment. Le simple fait de se teindre les cheveux, de se coiffer différemment, de porter un chapeau ou de se raser la barbe ou la moustache peut être suffisant pour que la personne ne vous reconnaisse pas.

❖ Tentez de savoir avec qui elle vous confond si elle ne vous reconnaît pas. Dans ces moments-là, elle associe mal les gens et pourrait confondre, par exemple, mère et épouse, ou frère et père. En fait, elle comprend qu'il existe un lien familial, mais n'arrive plus à bien le définir.

❖ Acceptez que la personne risque, par exemple, d'appeler son fils «monsieur», particulièrement si elle ne le voit pas quotidiennement. Il lui est plus facile de reconnaître les gens avec lesquels elle est en relation quotidienne.

❖ Comprenez que, si elle vous demande : « *Qui es-tu ?*» c'est qu'à ce moment-là, elle est désorientée. Il est préférable de lui dire clairement qui vous êtes, plutôt que de lui dire : «*Mais voyons, tu le sais bien qui je suis. Arrête ton petit jeu!*»

❖ Tentez de la situer avec délicatesse si elle se méprend à votre égard. Dites-lui, par exemple : «*Ta mère n'est pas là mon chéri, mais je suis ta femme, je peux peut-être t'aider moi ?*»

❖ Notez ses réactions. Si le fait de lui dire «*Je suis ton épouse et non ta mère*» semble la situer, poursuivez avec ce genre d'arguments.

❖ Passez outre cette erreur de sa part si, au contraire, elle est choquée que vous la contredisiez et qu'elle vous dit, par exemple : «*Voyons maman! Pourquoi dis-tu que tu es ma femme ?*»

❖ Évitez de lui dire : «*Ta mère est décédée depuis plus de quinze ans*», car elle pourrait revivre le choc du décès comme si elle venait tout juste de l'apprendre. De plus, elle pourrait vous en vouloir et vous accuser de lui avoir dissimulé cette mort.

❖ Profitez plutôt de ce moment pour lui parler de sa mère, lui dire que c'était effectivement une femme extraordinaire et que vous pensez souvent à elle vous aussi.

❖ Insistez sur la relation que vous avez avec la personne, plutôt que sur la façon dont elle vous désigne. Par exemple, si elle vous confond avec sa mère, parlez-lui de souvenirs communs que vous partagez et qui remontent loin dans le temps, comme votre première rencontre et vos premières fréquentations. Ainsi, lentement, elle devrait être en mesure de faire le lien nécessaire jusqu'à vous reconnaître comme étant sa conjointe. Sinon, cette conversation demeurera tout de même agréable.

❖ Admettez que si la personne atteinte de la maladie se réfère à sa mémoire ancienne, il est inadmissible pour elle que vous soyez son épouse ou sa fille, puisqu'elle se croit elle-même encore très jeune. Le fait de se mettre à sa place peut vous aider à mieux comprendre cette attitude.

❖ Soyez assurée que, bien qu'elle ne puisse pas toujours vous le faire savoir, elle reconnaît en vous une personne aimée, même si elle se méprend en vous nommant. Elle fait très bien la différence entre les étrangers et les gens avec qui elle est en contact quotidiennement, puisque sa mémoire émotive est encore intacte (voir à ce sujet le chapitre Oublis).

❖ Gardez toujours un contact avec elle même si, à la fin de la maladie, elle semble ne plus vous reconnaître du tout. ❖

# CHAPITRE

# ENVIRONNEMENT

Dans ce chapitre, le terme «environnement» signifie l'endroit où demeure la personne atteinte de la maladie d'Alzheimer. Son environnement revêt un caractère fondamental puisque ses souvenirs y sont accrochés et ses points de repères imprégnés. Toutefois, s'il est mal adapté, l'environnement peut devenir un obstacle et contribuer à rendre votre tâche plus ardue.

Il ne s'agit pas ici d'imposer un réaménagement complet du domicile de la personne atteinte de la maladie. Par contre, il s'avère indispensable de tenir compte de certains principes, dont les quatre «S»: Simple, Sécuritaire, Stable et Structuré. Par conséquent, bouleverser l'environnement d'une façon drastique ne répondrait aucunement à ces quatre principes.

La simplicité consiste à maintenir un environnement exempt de superflu, c'est-à-dire à ne pas conserver d'objets dont on ne se sert plus depuis des années. Sont aussi considérés comme tels les objets qui servent uniquement de décorations et qui peuvent être brisés, mal utilisés ou contribuer à déconcerter la personne.

La sécurité est liée aux accidents qui peuvent survenir lorsque les objets sont employés à mauvais escient, ou lorsque ceux-ci peuvent causer une chute.

La stabilité consiste à conserver, le plus possible, les objets à leur endroit habituel et dans leur état actuel. Évitez de tout modifier au même moment et de créer ainsi de la confusion et de la désorientation.

La structure est la nécessité de garantir un cadre, une routine qui soit familière, organisée et constante.

Ces quatre «S», en plus de diminuer la confusion possible chez la personne atteinte, contribuent à réduire ou à prévenir l'anxiété et, conséquemment, à alléger votre tâche. C'est à vous de juger quand, comment et quels changements devront être effectués.

D'ailleurs, certaines transformations du domicile proposées ici ne peuvent convenir qu'à un certain nombre de personnes. Elles dépendent du type d'appartement ou de maison, de l'évolution de la maladie et de votre budget. Plusieurs de ces suggestions ne demandent aucun investissement, sinon en temps et en organisation ; temps que vous économiserez par la suite car vous prévenez certaines situations.

## LA CUISINE

❖ Retirez les fusibles de la cuisinière (du fourneau) si vous devez vous absenter et que vous craignez que la personne l'utilise sans être en mesure de bien le faire.

❖ Laissez une note sur le poêle, sur laquelle vous écrirez, en lettres moulées, «FERME LES RONDS» ou «ÉTEINS LE POÊLE» si la personne est apte à cuisiner mais oublie (parfois ou toujours) d'éteindre les ronds.

❖ Utilisez la minuterie du poêle ou tout autre avertisseur qui préviendra la personne lorsque la cuisson sera terminée. Ainsi, les risques de brûler la nourriture (ou les plats) seront minimisés.

❖ Débranchez les appareils électriques qui peuvent causer des accidents. Par exemple : le grille-pain, le mélangeur, le couteau ou la bouilloire, particulièrement si vous devez laisser la personne seule pendant un certain temps.

❖ Dissimulez le bouchon de l'évier (par exemple sous une tasse dans l'armoire) pour que l'oubli du robinet ouvert ne cause pas d'inondation.

❖ Fixez des crochets de sécurité à l'intérieur des portes d'armoires, si la personne atteinte fouille constamment aux endroits où vous dissimulez des objets coupants, dangereux ou nocifs. Ainsi, la porte sera retenue et la personne ne sera probablement pas en mesure de l'ouvrir.

❖ Rangez les objets que vous devez cacher dans un placard fermé à clé si vous préférez cette alternative aux crochets.

## LA SALLE DE BAIN

❖ Allumez une veilleuse dans la salle de bain pour sécuriser la personne et lui en faciliter l'accès, la nuit.

❖ Placez les médicaments, les produits de nettoyage (javellisant, savon en poudre...) et les appareils électriques (séchoir à cheveux, rasoir...) en sûreté, de préférence à l'extérieur de la salle de bain, afin de vous assurer qu'elle ne va pas les utiliser sans votre autorisation ou votre supervision.

❖ Installez des tapis antidérapants dans le fond de la baignoire et à la sortie de celle-ci afin d'éviter qu'elle ne trébuche si son équilibre est instable.

❖ Fixez des barres d'appui sur le mur et/ou sur la paroi de la baignoire, afin de faciliter l'entrée et la sortie du bain. Une barre d'appui peut aussi être installée en lieu et place du porte-serviettes, la personne pouvant ainsi s'y agripper pendant que vous l'habillez ou lui changez sa culotte.

❖ Choisissez des barres d'appui d'une couleur qui contraste avec le mur sur lequel elles sont maintenues.

❖ Disposez un banc (siège) dans la baignoire. Ce banc a comme avantages de sécuriser la personne parce qu'elle y est assise moins profondément, en plus de faciliter l'entrée et la sortie du bain ainsi que le lavage.

❖ Installez un siège de toilette surélevé, de manière à rendre l'accès à la toilette plus facile. En effet, le siège étant plus haut, il est plus facile de s'y asseoir et de s'y relever. Certains de ces sièges possèdent même des appuie-bras.

❖ Apposez un écriteau qui indique qu'il s'agit de la toilette. Vous pouvez soit y inscrire « toilette », soit y mettre le symbole d'un homme ou d'une femme que l'on voit sur les portes des toilettes publiques, soit y coller le dessin ou une photo d'une toilette. Cela aidera la personne à mieux localiser la toilette, tout en évitant qu'elle n'urine ailleurs (voir à ce sujet le chapitre Incontinence).

❖ Ajustez la température du chauffe-eau afin d'éviter que la personne atteinte ne se brûle avec de l'eau trop chaude.

❖ Retirez la serrure de manière à éviter que la personne ne s'enferme accidentellement ou consciemment dans la salle de bain.

❖ Prévoyez des tuiles d'une couleur qui contraste avec la baignoire et la toilette, si vous devez refaire votre plancher de salle de bain. Cela permettra de mieux faire ressortir la baignoire, la toilette et l'évier, et facilitera la reconnaissance de ces objets pour une personne dont la perception est affectée.

❖ Sortez la poubelle de la salle de bain ou mettez-y un couvercle pour ne pas que la personne atteinte ne la confonde avec la toilette, particulièrement la nuit, lorsque la désorientation sera davantage présente.

Consultez le chapitre Bain, pour plus d'informations concernant la façon d'adapter la salle de bain de manière sécuritaire.

## LE SALON

❖ Choisissez un fauteuil dont le coussin est ferme et avec des appuie-bras solides si vous devez en acheter un. Il lui sera plus facile de s'y asseoir et de s'y relever.

❖ Glissez une planche de bois sous le coussin d'un fauteuil si ce dernier est trop mou, afin de le rendre plus ferme.

❖ Enlevez les chaises berçantes si la personne éprouve des problèmes pour s'y asseoir et s'en relever.

❖ Camouflez la télécommande du téléviseur si son utilisation pose problème à la personne parce qu'elle est incapable de s'en servir convenablement.

❖ Débarrassez-vous de vos plantes toxiques au cas où la personne atteinte en mangerait les feuilles. Informez-vous auprès d'un horticulteur ou d'un fleuriste au sujet de celles que vous possédez ou voulez vous acheter.

## LA CHAMBRE À COUCHER

❖ Fixez solidement la lampe sur la table de chevet (avec de la colle, une vis ou d'une autre façon) de manière à ce qu'elle ne tombe pas par terre si la personne a de la difficulté à l'allumer ou à l'éteindre.

❖ Prévoyez, si vous devez effectuer cet achat, une lampe qui s'allume et s'éteint d'un simple toucher du doigt. Ce type de lampe est beaucoup plus facile à utiliser.

❖ Offrez-lui un réveille-matin avec des aiguilles et des gros chiffres lumineux, de manière à ce que l'heure soit bien visible la nuit.

❖ Installez des barres de sécurité sur les côtés du lit pour ne pas que la personne risque de tomber.

❖ Fixez au sol le tapis de la descente du lit s'il y en a un, ou achetez un tapis antidérapant.

❖ Enlevez le tapis si l'équilibre de la personne est instable, ou s'il l'empêche d'aller au lit parce qu'elle le perçoit comme une menace, un trou ou autre chose.

❖ Allumez une veilleuse près du lit, la nuit, de manière à ce que la personne puisse trouver facilement son lit lorsqu'elle revient de la salle de bain.

Si la personne atteinte de la maladie est incontinente, consultez le chapitre Incontinence afin de connaître les précautions à prendre.

## EN GÉNÉRAL

❖ Aménagez une rampe dans les escaliers afin de les rendre plus sécuritaires.

❖ Collez des bandes antidérapantes de couleur voyante sur le dessus des marches, afin que la distinction entre chacune d'elles se fasse plus facilement.

❖ Installez une barrière dans le haut des escaliers, spécialement la nuit, afin d'éviter les chutes si la personne se trompe de direction.

❖ Gardez le plancher exempt d'objets encombrants, afin de libérer de l'espace pour circuler, et prévenir les chutes.

❖ Placez des fiches de plastique dans les prises de courant, si elles constituent un éventuel danger.

❖ Conservez, dans la mesure du possible, les objets au même endroit. Cela évite à la personne de devoir constamment s'adapter et facilite leur utilisation.

❖ Couvrez ou enlevez les miroirs si ceux-ci provoquent de l'anxiété chez la personne. Il est possible, en effet, qu'elle ne se reconnaisse plus dans le miroir et que « cet étranger » qu'elle aperçoit lui soit désagréable et l'angoisse. N'en faites rien si elle semble prendre plaisir à dialoguer avec « l'autre ».

❖ Placez des photos de famille un peu partout dans la maison. En plus d'être décoratif, cela contribue à situer la personne dans la réalité, et permet d'aborder plusieurs sujets de conversation.

❖ Utilisez une cire mate si vous devez cirer les planchers. Une cire trop brillante pourrait effrayer la personne, qui en interpréterait mal les reflets. Elle pourrait, par exemple, croire qu'il y a de l'eau partout.

❖ Évitez les chaises sur roulettes, qui sont plutôt instables.

❖ Procurez-lui un tablier pour fumeur si la personne fume et risque de se brûler.

❖ Mettez un peu d'eau dans le fond des cendriers afin d'éviter un incendie si une cigarette est oubliée.

❖ Insistez pour que la personne fume dans un endroit que vous aurez vous-même déterminé à cet effet, ou pour qu'elle fume en votre présence.

❖ Assurez-vous que le détecteur de fumée soit en état de fonctionner.

❖ Dissimulez les clés de la voiture et/ou de la maison de manière à éviter que la personne ne les égare, ou qu'elle ne se verrouille dans la maison, ou qu'elle ne quitte avec la voiture si sa conduite est devenue dangereuse.

❖ Assurez-vous que les radiateurs ne soient pas trop chauds. S'ils le sont, vous pouvez placer des meubles devant ou vous procurer des couvre-radiateurs pour prévenir d'éventuelles brûlures.

❖ Enlevez les escabeaux ou les tabourets sur lesquels la personne pourrait monter et risquer de tomber.

❖ Verrouillez les portes et les fenêtres si vous craignez que la personne sorte sans vous prévenir, particulièrement la nuit, si elle n'est plus apte à s'orienter correctement (voir à ce sujet le chapitre Fugue).

❖ Installez un crochet sur la porte à un endroit inhabituel, comme, par exemple, tout en haut ou en bas de celle-ci. Ce simple changement est suffisant, dans la majorité des cas, pour empêcher la personne de s'enfuir, puisqu'elle sera incapable d'ouvrir le nouveau verrou.

❖ Découragez la personne d'ouvrir une porte en y posant un «X», par exemple avec un ruban adhésif rouge, ou en inscrivant «INTERDIT» sur un carton. Elle devrait comprendre que cette porte lui est défendue. De plus, vous pouvez la camoufler avec un rideau, une affiche, ou la peindre de la même couleur que les murs si elle ne l'est pas.

❖ Installez des cloches dans le haut des portes extérieures afin d'être avertie si la personne tente de sortir.

❖ Accrochez des décorations dans les fenêtres (vitraux, plantes vertes, dessins des petits-enfants) afin de décourager la personne qui voudrait les utiliser pour sortir.

❖ Identifiez bien la porte patio avec une affiche ou un dessin, afin que la personne la distingue bien et ne s'y frappe pas.

❖ Enlevez les décorations de Noël, d'Halloween ou de Pâques si cela semble la perturber à cause du changement. Par contre, elles peuvent être utiles pour l'orientation dans le temps et peuvent constituer des activités intéressantes.

Vous trouverez tout le matériel de sécurité qui est suggéré dans ce chapitre dans les magasins spécialisés, répertoriés dans les pages jaunes, sous la rubrique : «fauteuils roulants».

Si vous désirez de l'aide pour adapter l'environnement de façon efficace et en fonction des besoins de la personne, consultez un ergothérapeute[6]. ❖

## FILM CONSEILLÉ

*SONIA* de Paule Baillargeon

Ce film raconte l'histoire d'une enseignante qui vient d'apprendre qu'elle est atteinte de la maladie d'Alzheimer. En plus d'aborder la maladie de façon humaine et réaliste, ce film donne beaucoup de conseils sur la manière d'adapter l'environnement.

---

6. Voir Lexique

# CHAPITRE

# F
UGUE (ERRANCE)

*O*rdinairement, une fugue est la disparition momen-tanée d'une personne et consiste en un geste volon-taire, accompagné d'un objectif spécifique. Au cours de la maladie d'Alzheimer, la fugue n'apparaît pas être un geste de fuite mais, semble-t-il, elle s'effectue dans une perspective de recherche.

En effet, une hypothèse a été émise à l'effet que les personnes atteintes de la maladie chercheraient un objet, un parent, la maison de leur enfance ou leur vie qu'elles sentent leur échapper. Conséquemment, elles peuvent marcher pendant plusieurs heures en sachant, consciemment ou non, ce qu'elles poursuivent.

Ainsi, n'ayant plus un bon sens de l'orientation, elles s'égarent facilement. En outre, elles peuvent être incapables de lire le nom des rues, de se souvenir de leur adresse, ou même de reconnaître leur demeure.

Toutefois, sachez que les fugues (ou l'errance) ne font pas nécessairement partie de la maladie. Certaines personnes, au contraire, ont si peur de sortir seules que vous laisseriez les portes complètement ouvertes et jamais elles ne songeraient à partir. Cela dépend des individus, et n'est absolument pas un symptôme de la maladie. Tout comme l'agressivité, la fugue est l'une de ses nombreuses conséquences.

Dans cette perspective, ce chapitre traitera l'errance et la fugue de façons différentes ; l'errance étant définie comme le besoin physiologique de marcher (même dans la maison) ; et la fugue comme une volonté de partir vers un but précis (réel ou non).

Ce chapitre suggère donc plusieurs manières de faire face à ce besoin continuel de marcher (ou de vouloir partir) qu'éprouvent certaines personnes atteintes. Enfin, des moyens d'intervention sont proposés dans les cas où la personne ferait une fugue ou s'égarerait, ainsi que des façons de réagir à son retour.

## IDENTIFIER LA NATURE DE L'ERRANCE

### ■ L'AGITATION OU LE BESOIN DE BOUGER

❖ Assurez-vous, auprès du médecin traitant, que le désir de marcher n'est pas lié à une réaction aux médicaments. En effet, certains médicaments engendrent un surplus d'énergie ou de nervosité, alors que d'autres provoquent des illusions ou des hallucinations. Par exemple, il est facile de comprendre pourquoi la personne marche constamment si elle s'imagine que le sol est en flammes et qu'elle s'efforce de ne pas s'y brûler les pieds.

❖ Assurez-vous qu'elle soit confortable et qu'elle n'ait pas de malaises physiques tels des maux de ventre, de dos ou de fesses, qui l'empêcheraient de demeurer assise.

❖ Vérifiez si la personne n'a pas tout simplement besoin d'uriner, et si elle ne cherche pas désespérément les toilettes.

❖ Préparez-lui un programme d'exercices régulier (que vous ferez avec elle si c'est possible), de manière à dépenser ce surplus d'énergie. Ces exercices peuvent être la marche, les tâches ménagères ou le jardinage (consultez le chapitre Loisirs pour plus d'informations à ce sujet).

❖ Permettez à la personne de marcher si elle ne risque ni de tomber, ni de s'égarer lorsqu'elle n'est pas capable de rester en place. Surtout, ne la forcez jamais à rester assise.

❖ Abstenez-vous d'attacher la personne avec des contentions de toutes sortes pour l'empêcher de bouger. Sauf si la contrainte est la seule façon de préserver sa sécurité, par exemple si elle se tient difficilement sur une chaise et qu'elle risque d'en tomber. Une solution consiste à acheter un fauteuil gériatrique.

❖ Gardez les planchers exempts de tous les objets dangereux comme les balles, les souliers ou les livres, objets sur lesquels elle pourrait trébucher.

❖ Sollicitez son aide pour faire du ménage. Bien qu'elle ne soit peut-être plus apte à effectuer une tâche complexe, elle peut très bien épousseter, passer le balai ou l'aspirateur, ou encore plier des vêtements.

Ainsi, cette activité lui permettra de dépenser de l'énergie et elle en dormira d'autant mieux la nuit. Il faut cependant vous attendre à ce que le travail ne soit pas exécuté aussi parfaitement que si vous l'aviez fait vous-même.

❖ Achetez-lui des souliers de marche confortables avec de bonnes semelles, si elle marche beaucoup, plutôt que de l'empêcher de circuler.

❖ Observez périodiquement l'état de ses pieds. Par exemple, surveillez les enflures, les engelures (l'hiver), les rougeurs, les bosses ou les lésions anormales et parlez-en avec son médecin le cas échéant. La personne ne sera pas toujours en mesure de faire le lien entre la douleur qu'elle ressent et la source de cette douleur. Elle pourrait être incapable de vous le faire savoir.

❖ Prévoyez des périodes de repos dans la journée, si elle marche beaucoup. Elle ne saura peut-être pas vous exprimer sa fatigue clairement, et cela pourrait la rendre irritable.

❖ Offrez-lui régulièrement de l'eau afin de prévenir la déshydratation, spécialement l'été lorsqu'il fait chaud et qu'elle transpire beaucoup.

❖ Évitez de lui offrir du thé, du café, de l'alcool, des boissons gazeuses ou du chocolat le soir. En effet, la présence d'excitants et de caféine aura pour effets d'augmenter son agitation et de perturber son sommeil.

# ■ LA VOLONTÉ DE PARTIR

❖ Notez les circonstances spécifiques où la personne exprime sa volonté de partir. Par exemple, il est possible qu'elle ne reconnaisse plus son environnement, qu'il y ait trop de bruit ou trop de gens présents en même temps. Aussi, la présence d'une personne qu'elle n'apprécie pas pourrait la déranger, comme par exemple un enfant turbulent ou quelqu'un qui la contrarie.

❖ Souvenez-vous que plusieurs personnes atteintes de la maladie d'Alzheimer sont davantage désorientées à la tombée de la nuit. C'est ce que l'on appelle «le syndrome du crépuscule». Comme elles ne reconnaissent plus leur environnement ni leur entourage, elles veulent très souvent retourner «chez elles» (voir à ce propos le chapitre Désorientation et le chapitre Nuit pour les problèmes reliés au syndrome du crépuscule).

❖ Cachez les objets qui pourraient lui faire penser à sortir comme, par exemple, les chapeaux, les manteaux, les bottes.

❖ Faites jouer une cassette audio reproduisant le bruit d'une averse. En plus de l'endormir, cette musique pourrait la dissuader de s'aventurer sous cette «pluie».

❖ Maintenez autant que possible un environnement stable et une routine dans les activités. Un simple changement, par exemple dans l'heure des repas, peut désorienter la personne et l'amener à vouloir partir. Lorsque la personne parle de «retourner chez elle», cela signifie se retrouver en sécurité à l'intérieur d'une routine connue.

❖ Verrouillez la porte de la clôture extérieure s'il y en a une, afin d'éviter qu'elle ne sorte de la cour, particulièrement la nuit ou en votre absence.

❖ Posez un écriteau qui indique «INTERDIT», «NON», ou faites un «X» sur la porte que vous ne voulez pas qu'elle utilise, comme par exemple la porte du sous-sol, celle de la salle de lavage ou celle menant à l'extérieur. Elle devrait comprendre que cette porte lui est interdite et qu'elle ne doit pas la franchir.

❖ Camouflez la porte d'entrée avec un rideau, un miroir latéral (si cela ne l'effraie pas), une affiche ou en la peinturant de la même couleur que le mur. Ainsi, elle ne devrait pas pouvoir différencier la porte du mur et elle risque moins de penser à sortir.

❖ Éteignez les lumières extérieures la nuit afin de la dissuader de sortir. En effet, l'obscurité devrait la dissuader.

## ■ LA DÉSORIENTATION[7]

❖ Organisez-vous pour qu'il y ait toujours quelqu'un de la famille dans le champ de vision de la personne, de manière à ce qu'elle ne soit pas affolée en s'imaginant qu'elle est seule. Une absence de quelques minutes seulement peut suffire à lui donner l'impression que vous êtes partie depuis des heures et ainsi l'inciter à partir à votre recherche.

---

7. Voir Lexique

❖ Notez si la personne veut partir à la recherche de la demeure de son enfance. Si c'est le cas, voir le chapitre Désorientation.

❖ Situez la personne dans le contexte si elle est désorientée dans le temps, dans l'espace ou par rapport aux personnes (voir à ce propos le chapitre Désorientation). Par exemple, dites-lui : « *Comme il est 11h00 du soir, on va aller dormir. Demain, si tu veux, je t'accompagnerai dehors.* »

❖ Placez un cadran avec de gros chiffres près du lit de la personne afin qu'elle puisse bien voir l'heure. Il est possible, toutefois, qu'elle lise l'heure et qu'elle n'ait plus la notion du temps.

❖ Rassurez la personne par votre présence et dites-lui que tout va bien. Par exemple, « *Je suis là près de toi et je t'aime. Ne t'inquiète pas, tout va bien. On va aller dormir maintenant* ». Et serrez-la contre vous ou tenez-lui la main. Ceci est préférable à tenter de la raisonner en lui disant, par exemple : « *Arrête-ça ! Tu es chez toi, nous vivons ici depuis quarante ans. Il n'est pas question que tu sortes ; d'abord parce qu'il fait nuit ; et ensuite parce que tu vas te perdre...* »

❖ Dites-lui « NON » fermement si cela l'empêche de sortir, par exemple, au beau milieu de la nuit. Il est possible qu'elle soit prise de court par cette stratégie et qu'elle accepte votre autorité.

❖ Rassurez-la fréquemment en lui rappelant où elle se trouve, lors d'une visite, et dites-lui pourquoi elle est ailleurs. Par exemple : « *Nous sommes chez notre fille*

*Claude. Nous sommes ici pour l'anniversaire de sa fille, Chloé. Nous rentrerons à la maison après le gâteau.»*

## PRÉVENIR LES FUGUES

❖ Assurez-vous que les portes et les fenêtres soient verrouillées de manière à éviter que la personne ne sorte sans vous prévenir, ou sans votre autorisation. Pour ce faire, installez un crochet ou une serrure à un endroit inhabituel, soit dans le haut ou dans le bas de la porte. La personne répond normalement à des automatismes, puisqu'elle est incapable d'acquérir de nouvelles connaissances ; elle ne devrait donc pas saisir comment ouvrir la porte ou la fenêtre.

❖ Installez une clochette ou une sonnette dans le haut de la porte : vous serez prévenue si la personne tente une fugue.

❖ Dissimulez les clés de la voiture si elle insiste pour l'utiliser, et que sa façon de conduire est devenue dangereuse.

❖ Stationnez la voiture dans une autre rue, de manière à ce qu'elle ne soit pas tentée de l'utiliser, si le fait de simplement cacher les clés est insuffisant. Lorsqu'elle vous demandera où se trouve la voiture, vous pourrez alors lui répondre qu'elle est chez le garagiste ; elle l'oubliera probablement pour quelque temps. Si la personne vous repose la question, répétez-lui la même réponse. Il vous sera ainsi plus facile de vous souvenir de ce que vous lui avez dit que si vous changez d'arguments d'une fois à l'autre.

❖ Demandez, si vous préférez, à un mécanicien de mettre la voiture hors d'usage en y enlevant, par exemple, un fil nécessaire au démarrage. Il sera donc impossible pour la personne de s'en servir. Ou encore, vendez-la, tout simplement.

❖ Munissez la personne d'un bracelet d'identité sur lequel sont inscrits son nom et votre numéro de téléphone. Si vous le désirez, inscrivez-y «PROBLÈMES DE MÉMOIRE» ou «MALADIE D'ALZHEIMER». Toutefois, évitez d'y inscrire votre adresse afin de décourager les gens malhonnêtes qui voudraient profiter de sa vulnérabilité. Vous pouvez vous procurer le bracelet d'identité dans la plupart des pharmacies, ainsi qu'à la Société Alzheimer de votre région[8].

❖ Procurez-vous un carnet d'identité dans lequel vous apposerez des photos récentes de la personne, et inscrirez ses caractéristiques particulières ainsi que la façon adéquate de l'aborder en cas de fugue. Vous pourrez vous procurer ce carnet à la Société Alzheimer de votre région.

❖ Ayez à portée de main des photos récentes de la personne, ou une cassette vidéo sur laquelle il est facile de l'identifier si vous ne possédez pas encore de carnet d'identité. Ainsi, vous pourrez faciliter les recherches en cas de disparition.

---

8. Voir Liste des Sociétés Alzheimer

❖ Établissez un plan d'action en prévention d'une fugue. Par exemple, notez les numéros de téléphone des voisins, de l'épicerie, de la banque, du salon de coiffure près de chez vous. En fait, prévoyez tous les endroits où la personne est susceptible de se rendre.

❖ Prévenez les voisins, ainsi que les propriétaires et les employés des endroits que la personne fréquente régulièrement, qu'elle a des troubles de mémoire et d'orientation.

❖ Demandez-leur de vous avertir à chaque fois qu'ils verront la personne se balader toute seule.

❖ Utilisez une médication, en dernier recours, si rien ne réussit à l'empêcher de partir. Une médication appropriée pourrait calmer son agitation.

## QUE FAIRE EN CAS DE FUGUE

❖ Gardez votre calme. La personne atteinte n'est peut-être pas très loin.

❖ Téléphonez aux voisins, à l'épicerie, à la banque, ou au salon de coiffure pour savoir si la personne ne serait pas passée par là. Si on vous répond par l'affirmative, demandez l'heure précise à laquelle ils l'ont aperçue pour la dernière fois. De cette manière, vous pourrez plus facilement retracer le chemin qu'elle a parcouru.

❖ Prévenez les voisins que vous recherchez la personne. Ils pourront ainsi vous téléphoner s'ils l'aperçoivent.

❖ Alertez votre service de police aussitôt que vous aurez constaté la disparition, particulièrement si la personne a d'importants troubles de désorientation ou s'il fait nuit.

❖ Ne manquez pas d'informer les policiers qu'il s'agit d'une personne atteinte de la maladie d'Alzheimer. Normalement, les policiers sont sensibilisés à cette maladie et devraient débuter leurs recherches sur-le-champ. N'attendez pas 24 heures comme c'est habituellement le cas pour les autres types de fugues.

❖ Donnez aux policiers une photo récente ou le carnet d'identité de la personne atteinte lorsqu'ils viendront vous voir.

❖ Prévenez la Société Alzheimer de votre région si la personne possède un bracelet et/ou un carnet d'identité et qu'elle figure sur un registre.

❖ Restez à la maison. Il est possible que la personne revienne et il serait préférable que vous y soyiez.

❖ Évitez d'utiliser trop longtemps le téléphone au cas où la personne, ou quelqu'un qui l'aurait retrouvée, tenterait de vous joindre.

❖ Demandez à la famille ou à des amis de parcourir le quartier si vous y tenez. Il est cependant important que ces gens soient bien connus de la personne atteinte puisque cette dernière risque d'être désorientée au moment où on la retrouvera. Néanmoins, il est tout de même possible qu'elle ne les reconnaisse pas.

# LORSQUE VOUS RETROUVEZ LA PERSONNE

❖ Conseillez aux gens qui la retrouvent de faire quelques pas à ses côtés et de lui dire, tout bonnement : «*Bonjour Maurice! Justement nous allions chez toi. On va y aller ensemble.*» Ainsi, ils pourront la ramener avec eux. Si elle était vraiment égarée, cela devrait la soulager.

❖ Parlez-lui doucement et calmement si elle ne fait pas du tout allusion au fait qu'elle est partie depuis plusieurs minutes, voire plusieurs heures. Il est possible qu'elle ne se souvienne pas du tout de s'être égarée et il est probable aussi qu'elle soit fatiguée si elle a beaucoup marché.

❖ Rassurez-la si, au contraire, elle arrive en pleurs ou angoissée de s'être perdue. Suggérez-lui de se reposer et promettez-lui de rester auprès d'elle jusqu'à ce qu'elle s'endorme.

❖ Évitez de revenir sur cet événement et de lui demander : «*Où étais-tu donc? Ça fait des heures que tout le monde te cherche*». Ou encore : «*Qu'est ce que tu as fait? Tu en a mis du temps pour revenir de l'épicerie?*» Elle sera probablement incapable de répondre à vos questions puisqu'elle n'en aura aucun souvenir. De plus, elle risquerait de se sentir contrariée et de mal réagir, d'autant plus si sa promenade lui a causé l'angoisse de ne plus savoir comment revenir.

❖ Considérez cet événement comme étant significatif et non isolé. Si cela se produit une fois, il est probable que cela se reproduise. Peut-être n'aurez-vous pas autant de chance la prochaine fois.

❖ Considérez, au niveau de la prévention, ce qui aurait pu être entrepris afin d'éviter un pareil incident. ❖

# CHAPITRE

# GARDIENNAGE

Prendre soin d'une personne atteinte de la maladie d'Alzheimer exige beaucoup de temps et d'efforts. Il devient alors primordial de préserver vos énergies en vous offrant, de temps à autre, quelques moments de répit. Ceci, dans le but de pouvoir prendre soin de la personne le plus longtemps possible, sans y laisser votre propre santé.

Le gardiennage présente l'avantage que la personne n'a pas à être déplacée. Elle demeure donc chez elle, conserve ses habitudes, une routine quotidienne et un environnement qui lui sont familiers.

Ce chapitre vous permettra, dans un premier temps, de bien choisir la soignante qui prendra votre relève, tout en faisant en sorte que votre absence soit la moins déstabilisante possible pour la personne atteinte de la maladie.

Dans un deuxième temps, il propose d'inscrire toutes les informations nécessaires dans un journal, ou de vous procurer le «Registre personnel des soins» publié par la Société Alzheimer du Canada, disponible à la Société Alzheimer de votre région[9].

---

9. Voir Liste des Sociétés Alzheimer

Notez que ce journal est indispensable, même si vous ne songez pas à utiliser le gardiennage dans les semaines ou les mois à venir. Il est possible qu'il vous arrive un imprévu qui vous empêche momentanément de prendre soin de la personne. Vous devrez alors réagir rapidement. De plus, ce journal sera utile au personnel soignant si vous devez faire héberger la personne dans un centre d'accueil ou d'hébergement.

Incontestablement, vous devrez investir de l'énergie dans ce journal. Prenez le temps qu'il faut; il n'est pas nécessaire de le remplir en une seule étape. Demandez l'aide des membres de votre famille, s'ils connaissent l'information à y inscrire. Une fois ce journal terminé, il vous sera plus facile de faire garder la personne en sachant que tout se déroulera quasiment comme si vous y étiez.

Bien sûr, le gardiennage doit vous permettre de vous absenter quelques heures (ou quelques jours) afin que ce répit soit significatif et reposant. S'il vous est difficile de le faire, utilisez le répit qui consiste plutôt à faire sortir la personne. Il est possible qu'elle participe à un centre de jour, qu'elle sorte avec des bénévoles ou soit temporairement hébergée. Pour de plus amples renseignements au sujet de ces services, informez-vous auprès de la Société Alzheimer de votre région.

# CHOISIR VOTRE GARDIENNE

## ■ SERVICE DE GARDIENNAGE DU CLSC[10] (PUBLIC)

❖ Exprimez votre préférence quant au sexe, à l'âge ou à la nationalité de la personne que vous aimeriez avoir comme gardienne. Il ne s'agit pas ici de mesures discriminatoires, mais bien de s'assurer du bien-être de la personne atteinte de la maladie d'Alzheimer. Par exemple, si elle refuse de prendre un bain devant un homme parce qu'elle est une femme, ou si sa langue maternelle est différente de celle de la gardienne, il apparaît important d'en tenir compte.

❖ Demandez à ce que, dans la mesure du possible, ce soit toujours la même gardienne. D'une part, la personne sera moins désorientée et, d'autre part, la tâche de la gardienne sera plus facile, puisqu'elle connaîtra mieux ses habitudes.

❖ Informez-vous du type d'assistance que la gardienne est en mesure de fournir. Par exemple, la gardienne peut-elle donner le bain à la personne atteinte de la maladie ? Peut-elle faire la vaisselle, après avoir préparé le repas et avoir mangé avec la personne ? Si c'est le cas, demandez-lui de le faire. Cela allégera votre tâche.

❖ Formulez-lui vos commentaires et recommandations si elle semble inefficace parce qu'elle ne connaît

10. Voir Lexique

pas suffisamment bien la personne, ou les comportements conséquents à la maladie d'Alzheimer.

❖ Demandez à ce qu'on la remplace si vous avez de bonnes raisons de croire qu'elle ne remplit pas adéquatement la tâche pour laquelle on la paie. Par exemple, si elle regarde la télévision sans égard à ce que la personne exprime ou fait.

❖ Soyez tolérante. Cette gardienne, aussi bien intentionnée qu'elle puisse l'être, demeure une étrangère qui n'a pas de liens affectifs aussi intenses avec la personne que les vôtres.

## ■ AGENCE DE GARDIENNAGE PRIVÉE

❖ Prenez le temps de choisir l'agence de gardiennage. Certaines sont spécialisées dans la maladie d'Alzheimer, certaines offrent des prix plus compétitifs, d'autres ont du personnel s'exprimant dans plusieurs langues, etc.

❖ Spécifiez si la gardienne devrait avoir certains intérêts communs avec la personne atteinte. Par exemple, «aimer les sports parce que mon mari ne regarde que cela à la télévision. Il en a fait toute sa vie et c'est le seul sujet de conversation qui l'intéresse».

❖ Rencontrez la gardienne à votre domicile (en lui payant le temps qu'elle passe avec vous), de manière à examiner de quelle façon elle se comporte avec la personne. Est-elle douce, calme, souriante et patiente ? Ou au contraire, les demandes répétées de la personne semblent-elles l'agacer ?

❖ Demandez-lui quelle est son expérience avec les personnes atteintes de la maladie d'Alzheimer.

❖ Vérifiez bien, auprès de l'agence qui l'embauche (et non avec elle), le taux horaire que vous devrez débourser et les conditions de l'embauche. Parfois, l'agence exige que vous payiez un minimum de trois heures, et plusieurs agences n'offrent pas de services la nuit.

❖ Invitez la gardienne une deuxième fois, si nécessaire, afin de permettre à la personne de mieux la connaître.

❖ Fiez-vous à votre intuition. Si vous sentez que ça va, n'hésitez pas à laisser la gardienne seule avec la personne. Vous avez besoin de périodes de repos.

Vous pouvez aussi faire paraître une annonce dans les journaux et tenter de trouver directement quelqu'un. Le gardiennage par une seule et même personne permet plus de stabilité. Cependant, vous ne possédez pas de références quant à ses compétences et sa loyauté. Soyez vigilante. Il serait plus souhaitable de recourir à une personne de votre entourage, à un voisin, à une nièce ou à quelqu'un que vous recommande un ami ou une connaissance.

## INFORMATIONS GÉNÉRALES À INSCRIRE DANS LE JOURNAL

Fournissez à la gardienne les informations suivantes, que vous aurez préalablement inscrites dans un petit journal (un carnet), de façon à ce qu'elle puisse les utiliser rapidement et efficacement.

**1.** Les noms et numéros de téléphone des membres de la famille, ainsi que le lien parental avec la personne atteinte. Si possible, collez une photo de ces proches à côté de leur nom. Par exemple :

Rita Lemieux : 123-4567 (sœur aînée)

Luc Jacques : 234-5678 (ami et voisin d'en haut)

**2.** Les numéros de téléphone du médecin, du pharmacien et du poste de police. Ils pourront être utiles en cas d'urgence.

**3.** Les mesures de sécurité à prendre. Par exemple, «laisser les portes extérieures verrouillées, installer la clôture dans l'escalier le soir, allumer la veilleuse» (pour plus de renseignements à ce sujet, consultez le chapitre Environnement).

## INFORMATIONS PERSONNELLES À INSCRIRE DANS LE JOURNAL

**4.** La façon dont la personne atteinte préfère être nommée : monsieur, madame, par son prénom ou un surnom (par exemple Tommy) et précisez si elle préfère être tutoyée ou vouvoyée.

**5.** La date de naissance de la personne atteinte, le lieu, les circonstances (si elles sont particulières) et son rang dans la famille (aîné, benjamin).

**6.** Le nom, le statut civil et l'âge de ses frères et sœurs. Cela facilite les conversations. N'oubliez pas d'y inscrire aussi le nom des personnes de la famille qui sont décédées.

7. Le nom de ses enfants, ainsi que celui de ses petits-enfants, avec leur âge respectif et leurs principales occupations.

8. Le métier ou l'occupation principale que la personne atteinte a exercé pendant la majeure partie de sa vie.

9. Les informations sur la meilleure façon de communiquer avec la personne, et les sujets qu'elle préfère (consultez le chapitre Communication pour des détails à ce sujet).

10. Les loisirs, les activités ou les exercices que la personne préfère, et qu'elle est en mesure de faire (afin qu'on ne lui demande pas d'effectuer une activité pour laquelle elle a perdu la notion, le sens ou la dextérité[11]).

Afin de maintenir le plus de cohérence possible dans les soins de la personne, inscrivez au journal les informations concernant la routine quotidienne.

---

11. Voir Lexique

# ROUTINE QUOTIDIENNE À INSCRIRE DANS LE JOURNAL

## ■ LES REPAS

**11.** Les heures des repas, par exemple, «8h00 (déjeuner), 12h00 (dîner), 14h30 (collation), 18h00 (souper) et 20h30 (collation)».

**12.** Les plats que la personne préfère et comment les préparer selon ses goûts et ses habitudes. Par exemple, «le poulet viande brune, toujours accompagné de riz blanc avec de la sauce B.B.Q.».

**13.** Les plats qu'elle déteste, et les aliments auxquels elle est allergique.

**14.** Les habitudes de la personne à table, par exemple, l'endroit où elle s'assoit (la chaise près de la fenêtre), ou si elle utilise un tablier, mange avec ses doigts, etc.

**15.** La façon dont il faut aider la personne : couper ses aliments, lui donner un plat à la fois, lui offrir la soupe dans une tasse (voir à ce sujet le chapitre Repas et le chapitre Motricité).

## ■ LES SOINS D'HYGIÈNE

**16.** La façon dont il faut s'y prendre pour donner le bain et à quelle heure le donner (voir à ce sujet le chapitre Bain).

## ■ L'HABILLEMENT

**17.** La liste des vêtements que la personne préfère porter.

**18.** L'aide qu'il faut offrir à la personne. Doit-on seulement lui faire penser à s'habiller, et/ou préparer ses vêtements ? Faut-il la guider lorsqu'elle les enfile ou la vêtir ? (voir à ce propos le chapitre Vêtements).

## ■ LE COUCHER

**19.** L'heure à laquelle la personne a l'habitude de se coucher et quel rituel suivre. Par exemple :

20h30  Collation (fruit avec un verre de lait)

21h00  Télévision (canal X) ou radio (poste Y)

21h30  Toilette, pyjama, brossage des dents et des cheveux

22h00  Coucher avec musique de relaxation

**20.** Les habitudes nocturnes de la personne. Par exemple, se lève-t-elle la nuit ? Est-elle incontinente ou agitée ? Spécifiez ce que vous avez l'habitude de faire dans ces moments-là.

Ces suggestions comprennent l'ensemble des renseignements dont une gardienne pourrait avoir besoin en votre absence. Certains vous sembleront inutiles, d'autres devront sans doute être ajoutés à la liste. Vous êtes la personne la mieux placée pour en juger et, le cas échéant, faire les ajouts nécessaires. ❖

# CHAPITRE

# Hébergement

L'hébergement est une étape presque inévitable à franchir au cours de la maladie d'Alzheimer, et probablement la plus pénible. Certains proches ont en effet l'impression d'abandonner la personne atteinte, d'autres se sentent incompétents et coupables de ne plus pouvoir offrir les soins nécessaires. De plus, ce changement bouleverse complètement la vie quotidienne, particulièrement celle des conjoints qui doivent subir la séparation de leur couple. L'hébergement est rarement choisi, mais plutôt imposé par la maladie.

Toutefois, lorsque la personne nécessite des soins et/ou une surveillance de tous les instants, il devient impératif pour votre santé, de recourir à cette solution.

Il est profitable aussi d'être informée qu'il existe deux types d'hébergement, dont les conditions d'admission diffèrent considérablement.

Le premier type d'hébergement est public. Une partie est subventionnée par le gouvernement, et l'autre partie doit être défrayée par la personne hébergée, en fonction de son revenu annuel. Il n'y a pas de montant minimum imposé tandis qu'un maximum est fixé afin d'éviter que les gens à revenu très élevé payent des sommes astronomiques.

Pour obtenir ce type d'hébergement, il s'agit de faire une demande au CLSC[12]. Plusieurs mois (moins de trois à parfois plus de quinze), peuvent s'écouler avant d'obtenir une place dans un centre d'hébergement.

Toutefois, une fois qu'elle y est, la personne y demeure aussi longtemps que nécessaire. Le centre d'hébergement est choisi en fonction des besoins et des capacités limitées de la personne. En somme, vous n'aurez pas à chercher un autre endroit quand la maladie progressera, ou lorsque la personne requerra des soins médicaux, parce que l'institution s'engage à pouvoir y répondre.

Conséquemment, une équipe de spécialistes évaluera, parmi les centres d'hébergement de la région choisie, celui qui sera le mieux adapté pour recevoir la personne. Il est possible qu'on vous demande votre préférence entre deux ou trois centres, mais le choix final ne vous appartiendra pas.

Le deuxième type d'hébergement est l'hébergement privé.

Contrairement à l'hébergement public, vous avez la possibilité de choisir l'endroit, et les délais d'attente sont généralement plus courts. Cependant, vous devez défrayer la totalité des frais puisqu'il s'agit d'un service privé. Certains frais d'hébergement sont remboursés par l'assurance, et d'autres sont déductibles d'impôt ; informez-vous auprès de votre assureur ou d'un conseiller financier.

---

12. Voir Lexique

Il existe beaucoup de centres d'hébergement privés; plusieurs ne sont pas adéquats ou adaptés aux besoins de la personne. Faites preuve de vigilance. Ce chapitre vous aidera à poser les bonnes questions, et à choisir la résidence qui conviendra.

De plus, les aspects importants de la préparation et de l'adaptation à l'hébergement seront abordés.

## SE PRÉPARER À L'HÉBERGEMENT

❖ Tentez tout ce que vous pouvez, si telle est votre décision, pour garder la personne à la maison le plus longtemps possible. Recourez à l'aide du CLSC, aux centres de jour, à l'hébergement temporaire (hébergement de quelques jours à quelques semaines), aux agences privées de gardiennage, aux groupes de soutien, aux amis et à la famille. Consultez la Société Alzheimer de votre région[13] et votre CLSC pour obtenir plus de renseignements au sujet des services offerts et pour être supportée dans vos démarches.

❖ Acceptez le fait que vous ne pouvez assumer seule la tâche de surveillance et/ou de soins si l'état de la personne nécessite 24 heures de surveillance par jour.

❖ Utilisez les différents services offerts, prenez de plus en plus de répit de manière à vous habituer à ne plus être en permanence avec la personne, et conservez vos énergies pour la longue attente de l'hébergement.

13. Voir Liste des Sociétés Alzheimer

❖ Parlez de vos sentiments avec des gens qui ont vécu la difficile étape de l'hébergement, et qui en sont maintenant satisfaits, par exemple au sein d'un groupe de soutien.

❖ Admettez que désormais c'est votre santé qui est en jeu. Vous devez faire héberger la personne pour son bien et d'autres, moins épuisées et impliquées émotivement que vous, prendront adéquatement la relève.

❖ Visitez quelques centres d'hébergement. La première visite risque d'être difficile, mais une fois le choc passé, vous constaterez que les gens y vivent, malgré tout, assez bien.

❖ Demandez à des amis ou à des parents d'effectuer ces visites avec vous. En effet, ces personnes étant émotivement moins impliquées que vous dans ce processus pourront voir les choses objectivement.

❖ Comprenez que vous visitez le centre d'hébergement avec vos perceptions, soit celles d'une personne en pleine possession de ses capacités intellectuelles et physiques; ce qui n'est pas le cas pour la personne atteinte qui sera hébergée. Ainsi, ce que vous y verrez semblera peut-être atroce, mais ce n'est pas vous qui y vivrez. Tentez de vous mettre à la place de la personne ayant besoin de soins et de surveillance constante.

❖ Donnez-vous le temps d'accepter cet état de fait. C'est une démarche pénible qu'il est préférable d'effectuer progressivement lorsque la situation le permet.

❖ Communiquez avec le CLSC de votre région, lorsque vous serez prête à formuler une demande d'hébergement. Tenez compte du fait que plusieurs mois d'attente sont nécessaires. N'attendez pas d'être totalement épuisée, de ne plus pouvoir tenir le temps nécessaire.

## L'HÉBERGEMENT PUBLIC

❖ Téléphonez à votre CLSC afin de les aviser que vous désirez faire une demande d'hébergement.

❖ Remplissez bien, avec la travailleuse sociale, tous les documents nécessaires à cette demande.

❖ Dites à la personne atteinte que vous entamez une procédure d'hébergement. Vous pouvez simplement lui dire : « *Il va falloir que tu déménages. J'ai besoin de me reposer un peu. Mais ne t'inquiètes pas, je t'aime toujours. Et je vais être très souvent près de toi.*» De toute façon, si elle est en mesure de consentir à son hébergement, le CLSC aura besoin de sa signature pour entreprendre les procédures relatives à votre demande, donc elle en sera informée par la travailleuse sociale. Choisissez, si vous préférez, de le lui annoncer vous-même.

❖ Évitez de lui en parler si elle n'est pas en mesure d'y consentir et d'apposer sa signature puisque, dans ces conditions, vous devrez signer pour elle. D'ailleurs, elle ne sera probablement pas apte à comprendre la situation.

❖ Faites part à la travailleuse sociale de votre préférence pour un centre d'hébergement en particulier si vous en connaissez un. Il n'est pas certain que celui-ci pourra recevoir la personne, mais la travailleuse sociale pourra en tenir compte dans ses recommandations.

❖ Mentionnez-lui l'importance pour vous que le centre d'hébergement soit situé près de votre domicile ou encore près de celui d'un autre membre de la famille, de manière à ce que la personne reçoive des visites fréquentes.

❖ Attendez patiemment que votre demande rencontre les exigences bureaucratiques et administratives.

❖ Demandez à la travailleuse sociale d'entreprendre des démarches afin d'obtenir une aide à domicile en attendant l'hébergement. Débarrassez-vous de votre gêne (ou orgueil). Ces services sont disponibles et vous en avez grandement besoin.

❖ Téléphonez au CLSC, par exemple aux cinq ou six semaines, pour vous assurer que votre demande suit bien le processus normal et qu'elle ne s'est pas perdue quelque part.

❖ Avisez le CLSC de tout changement de situation depuis le moment où vous avez rempli le formulaire de demande d'hébergement, par exemple, si la personne s'est fracturée une hanche en tombant et qu'elle nécessite de votre part plus de soins. Il est important que le dossier contienne des renseignements à jour pour que la demande soit évaluée selon sa priorité.

❖ Préparez-vous psychologiquement au départ de la personne, avec l'aide du CLSC, d'un groupe de soutien, d'un psychologue ou d'une travailleuse sociale. Lorsqu'on vous téléphonera pour vous annoncer que le moment est arrivé, vous n'aurez pas le temps d'effectuer une telle préparation.

## L'HÉBERGEMENT PRIVÉ

### ■ LE CHOIX DE LA RÉSIDENCE PRIVÉE

❖ Sélectionnez d'abord la résidence en fonction de sa situation géographique. Il est important que vous, ou un membre de la famille, puissiez rendre visite à la personne atteinte et que la résidence vous soit facilement et rapidement accessible, en cas d'urgence.

❖ Évaluez la capacité de payer de la personne ou de la famille. Il est inutile de vous ruiner, d'autant plus que la qualité des soins et des services n'est pas nécessairement proportionnelle au coût mensuel exigé par la résidence.

❖ Informez-vous de ce qui est inclus dans le montant mensuel. Il est possible, en effet, que certains services tels les bains, les repas, les couches-culottes, le téléphone, etc., ne soient pas inclus, et donc qu'ils soient facturés en supplément du loyer mensuel.

❖ Assurez-vous que la résidence privée possède un permis d'opération émis par le ministère de la Santé et des Services sociaux du Québec. Vous pouvez téléphoner au ministère pour vous informer.

❖ Informez-vous également des services offerts par le médecin responsable. Travaille-t-il sur place ? Sinon, à quelle fréquence effectue-t-il ses visites ? À quel hôpital ou CLSC est-il rattaché ? Est-il disponible pour les urgences ?

❖ Renseignez-vous au sujet de la politique concernant les cas considérés «lourds» ou «dérangeants». Ces cas peuvent concerner des personnes qui sont alitées, agitées, fugueuses (errantes) ou incontinentes. Confirmez bien, avec la direction, à partir de quel moment et dans quelles circonstances la personne atteinte ne sera plus acceptée au sein de la résidence. Il est effectivement possible qu'une personne ayant un comportement ou un état jugé inacceptable, vous soit retournée à la maison. Le cas échéant, des ententes avec certains hôpitaux devraient avoir été conclues au préalable concernant les cas jugés hors de leurs compétences.

❖ Demandez si des services d'ergothérapie[14], de musicothérapie[15], de zoothérapie[16] ou autres sont disponibles et quels en sont les critères d'admissibilité et les objectifs.

❖ Informez-vous des services religieux offerts et de la possibilité de pratiquer une religion différente des croyances de la majorité, si c'est le cas.

---

14. Voir Lexique

15. Voir Lexique

16. Voir Lexique

❖ Informez-vous de la politique des visites. Est-il possible pour vous de vous y rendre selon vos préférences et disponibilités ou devez-vous respecter un horaire précis ?

❖ Renseignez-vous sur le nombre de personnes hébergées (résidentes) par rapport au nombre d'intervenants (membres du personnel). Ce ratio diminue-t-il considérablement le soir ? Reste-t-il au moins une infirmière qualifiée le soir et la nuit ?

## ■ VISITER AVANT DE CHOISIR

❖ Demandez à un ami ou à un parent de vous accompagner lors de vos visites de manière à avoir un point de vue plus objectif que le vôtre.

❖ Arrivez à l'improviste. Ainsi, vous serez témoin de l'activité quotidienne réelle.

❖ Discutez avec les membres du personnel administratif ou de la direction, et posez-leur toutes les questions qui vous préoccupent. Si les gens sont honnêtes et offrent des services de qualité, vos questions ne devraient ni les menacer, ni les importuner.

❖ Observez la propreté de la résidence. Il est facile de voir, d'un seul coup d'œil, si les tables sont nettoyées, les planchers propres et les meubles exempts de poussière.

❖ Remarquez l'odeur en entrant. Une bonne résidence ne devrait sentir ni les produits de nettoyage, ni l'urine.

❖ Remarquez si le personnel répond à vos attentes, à savoir s'il est, par exemple, poli, propre, souriant, etc.

❖ Visitez les chambres. Y a-t-il des chambres privées ? (si c'est cela que vous préférez). La salle de bain est-elle accessible directement de la chambre ? Y a-t-il des sonnettes d'urgence afin que la personne puisse demander de l'aide en cas de besoin ?

❖ Observez si des dispositifs de sécurité adaptés, telles des barres d'appui, sont installés dans les salles de toilette et dans les corridors.

❖ Observez les résidents que vous rencontrez dans les corridors. Vous semblent-ils sous médication forte, c'est-à-dire sans énergie, amorphes ou endormis ? Sont-ils seuls dans leur chambre, attachés ou couchés ? Ou au contraire, sont-ils en groupe, affairés à des activités ?

❖ Demandez à voir l'horaire des activités de la semaine. Même si la personne n'est pas en mesure d'y participer, elle pourrait assister, par exemple, à des sessions de chant.

❖ Vérifiez l'équipement disponible en cas d'incendie : sorties d'urgence accessibles, détecteurs de fumée ou de chaleur en état de fonctionnement, extincteurs de fumée et plans d'évacuation efficaces visiblement affichés dans l'établissement.

❖ Assurez-vous qu'il y ait une routine concernant les heures de lever, de repas, de coucher, les jours du bain, les activités et les sorties. Pour ce faire, vous pouvez demander à ce que l'on vous décrive une journée type.

❖ Informez-vous de la fréquence hebdomadaire des bains et de celle du lavage des cheveux des résidents. Cela varie généralement d'une à deux fois, dépendant du nombre de résidents par rapport à celui du personnel. Méfiez-vous si l'on vous dit cinq à six fois.

❖ Faites votre visite à l'heure des repas, de manière à vous assurer de la qualité et de la quantité de nourriture offerte, ainsi que de la façon dont on nourrit les résidents incapables de s'alimenter seuls.

❖ Observez si les résidents sont habillés, coiffés, rasés et propres.

❖ Demandez à un ami ou à un parent d'être présent lors de la signature du bail. NE JAMAIS LE SIGNER LORS DE LA PREMIÈRE VISITE, et ce, même si l'on vous presse en utilisant l'argument que quelqu'un d'autre prendra la place. Prenez le temps nécessaire, ne serait-ce qu'une journée ou deux, pour réfléchir et lire attentivement le bail. N'hésitez pas à communiquer avec un professionnel du droit si vous le jugez nécessaire.

❖ Assurez-vous, avec l'aide d'un ami ou d'un parent, que le bail est conforme aux promesses et ententes verbales avant de le signer. Ces ententes concernent particulièrement le montant du loyer mensuel et des services inclus, les politiques à propos du transfert de la personne lorsque la résidence ne sera plus en mesure de la garder, et vos droits concernant les décisions, médicales ou autres, relatives à la personne atteinte.

❖ Soyez vigilante, mais faites aussi confiance à votre jugement et à votre intuition. Ainsi vous trouverez la résidence qui conviendra à vos besoins et à vos attentes.

Si cette démarche vous semble pénible, vous pouvez demander l'aide d'un conseiller en hébergement. Ce conseiller cherchera pour vous une résidence conforme à votre budget, à vos critères de qualité, et aux besoins de la personne. Certains de ces conseillers pourront même vous accompagner lors de la signature du bail. Leurs services sont généralement offerts gratuitement. Informez-vous auprès de la Société Alzheimer pour connaître les coordonnées des conseillers de votre région.

## PRÉPARER LA PERSONNE À SON HÉBERGEMENT

❖ Informez la personne de son prochain déménagement si vous en êtes capable et si vous croyez qu'elle sera en mesure de comprendre cette information. Évitez de le faire si vous craignez qu'elle fasse une fugue ou qu'elle réagisse négativement.

❖ Amenez-la visiter le centre d'hébergement ou la résidence à quelques reprises. La personne pourra ainsi s'y habituer tranquillement et peut-être même y faire des connaissances. Choisissez les moments agréables, tels les activités ou les repas. Vous pouvez même l'inviter à manger là-bas.

❖ Inscrivez son nom sur ses vêtements et ses affaires personnelles. N'oubliez pas de marquer aussi ses lunettes, ainsi que ses prothèses auditives et dentaires.

❖ Amenez-la dîner au restaurant ou chez un parent le jour de son déménagement. Pendant ce temps, quelqu'un d'autre aménagera la chambre du centre d'hébergement d'une manière similaire à celle qu'elle occupait chez elle et ce, avec ses objets personnels. Par exemple, accrochez au-dessus du lit le tableau qu'elle avait au-dessus du sien, apportez son couvre-lit, sa commode, sa lampe. En fait, tout ce qu'il vous est permis d'apporter et qui fera en sorte qu'elle y reconnaîtra ses objets usuels, et donc s'adaptera plus rapidement.

❖ Apportez-lui des photos des membres de la famille ou de son animal domestique et placez-les bien en vue sur le mur de sa chambre ou sur le bureau près de son lit.

## L'ADAPTATION À L'HÉBERGEMENT

❖ Demeurez avec elle quelques instants ou quelques heures dans sa nouvelle chambre. Dites-lui, par exemple : « *C'est ici que tu demeures maintenant. Je vais venir tous les jours. Je t'aime tu sais* » et serrez-la contre vous ou tenez-lui la main.

❖ Contentez-vous de la rassurer, de lui dire que vous l'aimez, et que vous ne l'abandonnerez jamais, plutôt que de tenter de lui expliquer pourquoi elle est là.

❖ Dites-lui qu'elle est là pour une période indéterminée, et que son médecin vous préviendra lorsqu'elle pourra sortir, si vous croyez que cela lui semble plus compréhensible. Par la suite, vous pourrez chaque fois lui dire : « *Tu ne peux pas rentrer maintenant mais je suis près de toi.* » Ce qui, en fait, n'est pas tout à fait faux, sans être tout à fait vrai. Il est important de ne jamais lui promettre ce que vous ne pourrez respecter, et de ne pas lui donner de dates précises du genre : « *Tu vas revenir vivre à la maison en juin prochain.* »

❖ Laissez-lui le temps de s'adapter. Il est prévisible qu'elle soit désorientée quelques jours, voire quelques semaines, suite à ce déménagement. Elle peut le manifester par des pleurs, par le refus de manger, de s'habiller, de se laver et/ou de coopérer avec le personnel.

❖ Attendez-vous que la maladie progresse d'une façon significative au moment d'un changement important comme un hébergement. Il est, en effet, possible que la personne ait des comportements inhabituels ou perde des capacités de façon notable. Cependant, avec l'adaptation, les choses devraient rentrer dans l'ordre.

❖ Attendez-vous à vous faire demander, lors des premiers temps, « *Quand est-ce que je rentre à la maison ?* » ou d'autres questions de la sorte. N'oubliez pas qu'elle peut vous poser cette question parce qu'elle est désorientée, comme elle le faisait parfois lorsqu'elle vivait avec vous. Pour mieux comprendre cet aspect, consultez le chapitre Désorientation.

❖ Patientez, avec le temps et l'adaptation, elle risque de ne plus vous demander quand elle rentrera à la maison.

❖ Rappelez-vous qu'elle peut aussi vous poser inlassablement cette question parce qu'elle a oublié la réponse ou parce qu'elle a oublié l'avoir déjà posée. Le nombre de fois qu'elle vous pose la question n'est pas proportionnel au fait qu'elle désire davantage retourner chez elle.

❖ Informez le personnel de ses goûts, de ses intérêts, de ses aptitudes, ainsi que de tous les renseignements qu'il devrait connaître pour prendre bien soin de la personne atteinte de la maladie.

❖ Donnez-leur, par exemple, le journal que vous avez préparé au chapitre Gardiennage. L'adaptation n'en sera que facilitée.

❖ Tenez compte de toutes les informations que la personne vous communiquera. Par exemple, il est possible qu'elle prétende être maltraitée, mal nourrie ou manquer de sommeil. Tout cela est probablement une déformation de la réalité, ou un problème de mémoire, mais il peut s'avérer que ce soit vrai. Donc, vérifiez le bien-fondé de ses plaintes.

❖ Espacez vos visites si vous observez qu'elles perturbent l'adaptation de la personne. L'essentiel étant de conserver un contact, il n'est pas nécessaire de vous y rendre tous les jours. D'autant plus que la personne, n'ayant pas la notion du temps, peut vous dire, chaque jour : « *Où étais-tu ? Ça fait des mois que tu n'es pas venue me voir.* »

❖ Attendez quelques semaines avant d'amener la personne chez vous. Il est primordial qu'elle s'adapte bien à sa nouvelle demeure et que, lors de la sortie, elle ne croit pas qu'elle retourne vivre chez elle.

❖ Évitez de l'amener à la maison si vous avez de la difficulté à la retourner au centre d'hébergement, ou si le personnel vous affirme qu'elle est déprimée ou angoissée après que vous l'ayez ramenée. Dans ce cas, continuez de la voir au centre d'hébergement ou sortez-la au restaurant ou ailleurs.

## LA VIE APRÈS L'HÉBERGEMENT

❖ Acceptez le fait que la personne est hébergée pour son bien et que vous avez fait ce que vous pouviez durant plusieurs années. D'ailleurs, vous continuerez de l'aimer et de prendre soin d'elle, mais différemment.

❖ Pensez maintenant à vous. Des gens compétents assurent désormais la relève. Vous devez avoir des centres d'intérêt qui ne sont plus axés sur la personne atteinte. Cela sera sans doute difficile après tant d'années passées à prendre soin d'elle.

❖ Contactez de nouveau vos amis (que vous n'avez peut-être pas eu le temps de voir depuis plusieurs mois) et faites quelques sorties. Votre vie n'est pas terminée et votre santé, physique et mentale, en dépend. ❖

## OUVRAGE RECOMMANDÉ

Document intitulé *Guide pour la sélection d'un établissement de soins de longue durée*, réalisé par le Conseil sur le vieillissement. Celui-ci contient une série de questions à poser lors des visites, et vous n'avez qu'à cocher les cases correspondantes. Vous pouvez vous procurer ce document gratuitement (en payant les frais de port) au : (613) 789-3577

# CHAPITRE

# INCONTINENCE

L'incontinence, phénomène strictement physique, qui se manifeste par la perte de contrôle des sphincters, c'est-à-dire de l'urine et des matières fécales, se produit ordinairement à un stade plutôt avancé de la maladie d'Alzheimer. Lorsqu'elle se présente relativement tôt, il est indispensable d'en découvrir la raison, surtout si elle apparaît subitement.

Bien qu'elle fasse inéluctablement partie de la maladie, il n'en demeure pas moins que, parfois, elle est prématurément provoquée par d'autres facteurs sur lesquels vous pouvez intervenir. D'ailleurs, la toute première incontinence ne signifie pas nécessairement que la personne doive porter des couches-culottes à compter de ce moment et ce, pour le reste de sa vie.

Lorsque la personne deviendra réellement incontinente, il vous semblera sans doute embarrassant de gérer ce nouvel état, puisqu'on l'associe généralement à une perte d'autonomie radicale. Dans bien des cas, il est plus facile pour la personne atteinte d'admettre cette déficience que ça ne l'est pour vous. En somme, elle n'est pas forcément capable, à ce moment-là, d'évaluer toutes les conséquences que vous êtes en mesure de projeter. Alors que, pour vous, plusieurs sentiments sont en cause, dont l'intégrité et la dignité de la personne, le dégoût et l'irréversibilité de cet état.

Ce chapitre traitera particulièrement de l'incontinence urinaire, et tentera de démontrer comment en identifier les causes. L'incontinence fécale est beaucoup moins fréquente, et survient souvent à la suite d'un traitement aux laxatifs qui, au départ, avait pour but de régler un problème de constipation.

Connaissant les causes possibles de l'incontinence, vous éviterez, par exemple, de faire porter des couches-culottes à quelqu'un dont l'unique problème en est un d'inaptitude à baisser convenablement et assez rapidement son pantalon.

## IDENTIFIER LA CAUSE DE L'INCONTINENCE

❖ Observez, lorsque la personne est incontinente, s'il s'agit de quelques gouttes. Si elle vide complètement sa vessie, parlez-en avec son médecin. Conservez votre calme, elle n'est peut-être pas encore incontinente de façon permanente.

❖ Prenez note du moment, c'est-à-dire de l'heure, et à la suite de quel événement l'incontinence est survenue.

❖ Tentez d'établir une relation entre l'incontinence et un événement particulier. Par exemple, il est possible qu'elle urine à la suite d'un éternuement, à chaque fois qu'il y a des invités, ou encore exclusivement la nuit.

❖ Continuez de lui offrir régulièrement du liquide afin d'éviter qu'elle ne se déshydrate. Il est préférable qu'elle ne boive pas juste avant de se coucher. La priver de boire ne résoudra pas le problème d'incontinence.

## ■ L'INCONTINENCE DUE À UN PROBLÈME PHYSIOLOGIQUE

❖ Assurez-vous que l'incontinence n'est pas causée par une diarrhée ou une infection urinaire, vaginale ou de l'urètre. Dans ce cas, la personne aura peut-être des douleurs qu'elle vous fera savoir en se massant le bas du ventre, en se contractant la figure lorsqu'elle urine ou en se grattant les parties génitales. Tentez de percevoir ces signaux et consultez son médecin le plus rapidement possible.

❖ Consultez immédiatement un médecin si la personne atteinte, en plus d'être incontinente, souffre de fièvre pendant plus de 24 heures. À ce moment-là, il s'agit fort probablement d'une infection urinaire et il est indispensable d'agir dans les plus brefs délais.

❖ Demandez au médecin d'examiner son appareil urogénital (système urinaire). Il est possible, par exemple, que la constipation chez la femme bloque les conduits urinaires. Ces examens ne sont pas courants. Il faut donc les demander, voire les exiger.

❖ N'associez pas systématiquement l'incontinence à la maladie d'Alzheimer. Certaines autres maladies chroniques, comme le diabète, causent l'incontinence.

D'autres affections, telles que l'arthrite, occasionnant une réduction de la mobilité et de la dextérité[17], peuvent, aussi, empêcher un accès suffisamment rapide à la toilette.

❖ Informez-vous auprès du médecin traitant des effets secondaires des médicaments. Il est possible qu'ils affectent les muscles responsables de la rétention de l'urine ou des matières fécales.

❖ Demandez au médecin de lui prescrire des médicaments pour contrer l'incontinence urinaire si son état le permet, et si les éventuels effets secondaires, telle la sécheresse de la bouche et des yeux, sont supportables.

❖ Évitez d'occasionner des problèmes de constipation en voulant agir sur un problème de diarrhée. La constipation contribue généralement à rendre la confusion plus intense.

## ■ L'INCONTINENCE CIRCONSTANCIELLE

❖ Observez s'il s'agit d'une incontinence passagère, liée à un stress particulier subi par le corps, par exemple un rire, un éternuement, le fait de se moucher ou la peur. Un grand nombre de personnes âgées, sans être atteintes de la maladie d'Alzheimer, subissent ce genre d'incontinence. Vous pouvez lui procurer des serviettes sanitaires «maxi-protection» s'il s'agit d'une femme, et des culottes d'incontinence très minces s'il s'agit d'un homme et qu'il

---

17. voir Lexique

refuse de porter des serviettes sanitaires. Cela devrait être suffisant.

❖ Respectez sa pudeur et son intimité en fermant la porte de la salle de toilette. Si vous devez l'accompagner pour l'aider, laissez-la tout de même seule un petit instant, tout en observant discrètement. C'est possible aussi qu'elle refuse de se rendre à la toilette parce qu'elle se sent observée, et qu'afin d'éviter cette humiliation, elle attende à la toute dernière minute.

❖ Assurez-vous que la salle de toilette soit bien éclairée en tout temps à l'aide d'une veilleuse, de manière à ce qu'elle ne refuse pas de s'y rendre parce qu'elle est effrayée par l'obscurité.

❖ Observez si une activité qui la passionne ne lui fait pas tout simplement oublier de se lever pour aller à la toilette. Dans ce cas, vous n'avez qu'à le lui rappeler, environ aux deux heures.

## ■ L'INCONTINENCE FONCTIONNELLE

❖ Rappelez-lui régulièrement, particulièrement avant et après les repas ainsi qu'au coucher, d'aller à la toilette. Il est possible, en effet, qu'elle ne soit plus en mesure de reconnaître la sensation de sa vessie pleine. Également, elle peut ne pas pouvoir faire le lien entre sa vessie pleine et le fait d'aller à la toilette pour se soulager. Ou encore, le signal du besoin d'uriner peut prendre trop de temps à être interprété par son cerveau.

❖ Laissez toujours le couvercle de la toilette et/ou de la chaise d'aisance ouvert, afin qu'elle l'identifie bien comme l'endroit où elle doit uriner. De cette façon, vous éviterez qu'elle ne cherche désespérément cet endroit ou qu'elle n'urine sur le couvercle de la toilette.

❖ Installez un couvercle sur les poubelles ou sur tout autre récipient qu'elle pourrait confondre avec la toilette et dont elle pourrait se servir pour uriner parce qu'elle ne parvient pas à reconnaître l'endroit approprié. Enlevez simplement les récipients de la salle de bain si elle persiste à uriner dedans.

❖ Placez un tapis de couleur qui contraste avec le plancher si celui-ci est de la même couleur que la toilette. Il arrive qu'en l'absence de contraste, la personne atteinte ne distingue pas très bien le plancher de la toilette. S'il s'agit d'un homme, il pourrait uriner par terre, n'étant pas suffisamment près de la toilette. Le tapis lui indiquera jusqu'où il doit s'approcher. Vous pouvez aussi coller des empreintes de pieds au sol.

❖ Évitez de le faire si le tapis l'effraie et l'empêche d'utiliser la toilette parce qu'elle le perçoit comme un trou ou une menace quelconque.

❖ Indiquez-lui la salle de toilette à l'aide d'un écriteau sur lequel vous pourrez inscrire «TOILETTE» ou faire le dessin d'une toilette. En effet, il est possible que son incontinence soit simplement causée par une difficulté à localiser la salle de toilette.

❖ Donnez-lui des instructions si elle ne sait plus quoi faire lorsqu'elle arrive à la toilette, ou qu'elle ne se souvient plus pourquoi elle y est. N'oubliez pas d'y aller étape par étape, doucement et clairement. Par exemple : «*Baisse ton pantalon. Maintenant ta petite culotte. Assieds-toi. D'accord, tu peux uriner. Essuie-toi avec ce papier*» et ainsi de suite. Pour de plus amples renseignements concernant la meilleure façon de lui communiquer des directives, consultez le chapitre Communication.

❖ Sachez décoder les signaux qui vous indiquent qu'elle a besoin d'uriner ou d'aller à la selle. Il est possible qu'elle n'arrive pas à bien exprimer son besoin verbalement, ou pas assez rapidement. Toutefois elle peut, par exemple, lever sa robe, baisser son pantalon, se croiser et se décroiser les jambes, marcher sans arrêt ou se masser le ventre. Il est probable qu'elle utilise à chaque fois le même signal pour exprimer ce besoin. Tentez de le reconnaître et tenez-en compte.

❖ Évitez de lui demander «*As-tu besoin d'aller à la salle de bain ?*» si elle n'est plus en mesure de saisir les questions abstraites et qu'elle interprète vos paroles mot à mot. Dans ce cas, il vaut mieux lui demander : «*As-tu envie de faire pipi ?*» Il ne s'agit pas de lui parler comme à un enfant, mais de lui communiquer un message qu'elle comprendra tout de suite, sans devoir en traduire les différents sens possibles.

❖ Vérifiez que la personne ait bien uriné (ou fait ses selles) avant de quitter la toilette. Il est possible, en

**137**

effet, qu'elle y aille souvent de peur d'être incontinente, ou parce qu'elle a oublié qu'elle y est allée il y a quelques minutes et qu'elle n'urine pas à chaque fois. Ainsi, en sachant si elle y est vraiment allée, vous connaîtrez davantage la fréquence de ses besoins et pourrez agir en conséquence.

❖ Consultez le chapitre Motricité si son problème d'incontinence est davantage attribuable à un manque de coordination. Parmi ces problèmes possibles, on rencontre l'incapacité à détacher sa fermeture éclair, ses boutons ou sa ceinture et l'incapacité de marcher assez rapidement ou d'effectuer correctement l'enchaînement des actions nécessaires.

## QUE FAIRE EN CAS D'INCONTINENCE PERMANENTE

❖ Évitez de réprimander la personne atteinte lorsqu'elle urine ou fait des selles par terre, au lit ou dans ses vêtements. Ce comportement est involontaire et il est inutile de le lui reprocher.

❖ Rassurez-la, plutôt, en lui disant : « *Ce n'est pas grave. Tout va bien. Enfile un autre pantalon. Je vais laver celui-ci et on n'en parle plus.* »

❖ Achetez-lui des vêtements lavables à la machine, sans repassage et si possible sans séchage, si vous devez lui en procurer de nouveaux. Cela vous évitera beaucoup de travail inutile.

❖ Procurez-lui des protège-dessous ou des couches-culottes que vous pouvez acheter en pharmacie ou dans les magasins de matériel spécialisé. Vous trouverez ces derniers dans l'annuaire des pages jaunes sous la rubrique «fauteuils roulants».

❖ Installez une alaise (piqué) la nuit, si son incontinence se produit davantage pendant son sommeil, afin de vous éviter de changer constamment la literie au complet.

❖ Lavez-lui bien la peau, et asséchez-la complètement lorsqu'elle porte des couches-culottes en permanence, afin de prévenir les plaies et les irritations.

❖ Procurez-vous des coussins lavables à la machine. Sinon, recouvrez les coussins avec des sacs de plastique avant de les mettre dans leur enveloppe. Ainsi, vous n'aurez qu'à laver l'enveloppe, plutôt que tout le coussin, s'il est mouillé ou souillé.

Cette situation est parfois très embarrassante pour les familles. Sachez, cependant, que certaines couches-culottes sont maintenant conçues de manière à être très discrètes. Si vous deviez changer sa couche-culotte dans un endroit public, utilisez les toilettes pour personnes handicapées, qui sont généralement unisexes. ❖

# CHAPITRE

# Loisirs

Accomplir une activité de loisir sollicite plusieurs aptitudes cognitives (le jugement, la perception, la concentration, la mémoire, la coordination, etc.) sans que l'on ne s'en aperçoive. En effet, il faut d'abord concevoir l'activité, l'organiser, l'entreprendre et enfin l'exécuter. Quoique la maladie d'Alzheimer affecte les fonctions cognitives, il n'en demeure pas moins qu'il est possible pour la personne qui en est atteinte d'avoir des loisirs intéressants. Toutefois, vous devrez concevoir et organiser l'activité et, dans certains cas, l'initier, afin que la personne puisse l'exécuter.

Dans ce chapitre, compte tenu des restrictions physiques et intellectuelles auxquelles la personne doit faire face, les activités de la vie quotidienne telles que les repas, le bain, l'habillage et les tâches ménagères seront considérées comme des loisirs.

De façon à rendre la période de loisir agréable autant pour elle que pour vous, il est nécessaire de respecter certains principes afin que les activités choisies soient adaptées en fonction de ses déficits.

En premier lieu, les activités proposées doivent tenir compte des capacités de la personne. Il est essentiel qu'elle réussisse ce qu'elle entreprend. Pour ce faire, demandez-vous quels types d'habiletés requiert l'activité choisie. Si elle exige de la rapidité, la personne en a-t-elle suffisamment? Aussi, observez sa réaction lorsque vous lui proposez une activité. La passivité, la colère, ou encore l'agressivité, peuvent vous indiquer qu'elle ne peut participer à cette activité et qu'elle se sent confrontée à son incapacité. Ces réactions deviennent alors le moyen dont elle dispose pour résister ou renoncer à l'activité proposée.

Deuxièmement, choisissez des activités qu'elle avait l'habitude de réaliser ou qui lui sont très familières. En d'autres mots, n'essayez pas de lui apprendre un nouveau jeu ou à faire de la couture si elle n'en a jamais fait auparavant. Étant donné que la mémoire immédiate tend à disparaître, il lui sera plus facile et naturel d'effectuer une activité qu'elle connaît depuis plusieurs années, et qui réfère donc à sa mémoire ancienne. Le chapitre Oublis vous renseignera davantage au sujet de la mémoire.

Si l'imagination vous fait défaut, pensez au métier ou à l'occupation qu'elle a exercé au cours de sa vie active et trouvez une activité similaire. En d'autres mots, si elle était couturière, demandez-lui de plier des vêtements, de surveiller si les coutures de ses vêtements sont en bon état, ou si les boutons tiennent bien.

Troisièmement, proposez-lui des activités simples, dont les gestes sont répétitifs et peu variés comme c'est le cas pour l'époussetage.

Quel que soit le type d'activités qu'elle puisse effectuer, (physiques, manuelles ou intellectuelles) valorisez-la toujours dans ce qu'elle entreprend en la félicitant ou en lui disant que cela vous rend un très grand service même si, en fait, c'est inutile. Surtout, servez-vous de votre sens de l'humour. Rire est très bénéfique, autant pour elle que pour vous.

## LES ACTIVITÉS PHYSIQUES

❖ Encouragez-la à faire des promenades, particulièrement lorsqu'elle paraît agitée ou qu'elle éprouve le besoin de marcher. Ces promenades peuvent avoir un but précis comme, par exemple, se rendre à l'épicerie, aller à la banque, poster le courrier ou promener le chien.

❖ Accompagnez-la si elle n'est plus en mesure d'y aller seule car elle risquerait de s'égarer ou ne pourrait effectuer les opérations nécessaires, par exemple à l'achat d'un aliment. En effet, pour acheter un aliment, il faut d'abord s'en souvenir, pouvoir lire une liste d'épicerie, reconnaître l'aliment sur l'étagère du magasin, et ensuite payer correctement et prendre la monnaie.

❖ Visitez avec elle un musée ou un zoo, si elle est assez en forme et si elle apprécie ce type d'activité.

❖ Permettez-lui de faire des travaux dans le jardin. Par exemple, elle peut enlever les mauvaises herbes ou planter des graines. Si ces activités semblent trop complexes, proposez-lui simplement d'arroser les plantes, les fleurs ou le gazon. Cela lui permettra de marcher un peu, de prendre l'air, en plus de lui donner le sentiment d'être utile.

❖ Demandez-lui d'exécuter des tâches ménagères exigeant un geste répétitif et peu complexe, particulièrement celles dont elle a toujours eu la charge. Par exemple, elle peut plier des vêtements, passer l'aspirateur, épousseter ou essuyer la vaisselle.

❖ Évitez de lui demander de ranger des choses si elle risque de les déposer n'importe où, et que vous deviez passer des heures à les retrouver par la suite.

❖ Proposez-lui de peindre un vieux meuble, la clôture ou une planche de bois, ou bien de laver la voiture si elle a l'habitude de ce genre de tâches.

❖ Écoutez de la musique ensemble, préférablement des chansons remontant à l'époque de sa jeunesse, et dansez avec elle si elle y prend plaisir. En plus de faire de l'exercice et de favoriser le sommeil, cette activité va référer à des souvenirs de sa mémoire ancienne (voir à ce propos le chapitre Oublis).

❖ Proposez-lui un programme d'exercice quotidien et ce, même si elle est en fauteuil roulant ou que son équilibre est instable. Par exemple, en position assise ou debout, elle peut lever les bras au-dessus de sa tête et frapper des mains ; toucher ses épaules avec ses mains ; faire des cercles avec le cou, les épaules, les bras, les poignets et les chevilles ; tourner la tête alternativement à droite et à gauche ; lever la jambe gauche, puis la droite, et ainsi de suite.

❖ Contactez votre CLSC[18] et essayez de l'inscrire à un centre de jour. En plus d'y pratiquer des activités différentes de celles que vous pourriez lui proposer à la maison, cela vous permettra de bénéficier de quelques heures de repos ou de loisirs avec vos amis.

Il est possible que son état, par exemple si elle est alitée, ne lui permette pas d'effectuer des activités physiques qui demandent un certain tonus musculaire ou la capacité de se mouvoir (même en fauteuil roulant). Dans ce cas, tentez de lui faire exécuter les activités manuelles ou intellectuelles proposées ici ou que vous imaginerez vous-même.

## LES ACTIVITÉS MANUELLES

❖ Faites-lui découper les coupons-rabais que vous trouvez dans les circulaires des magasins d'alimentation. En plus de lui permettre d'exercer sa dextérité[19], cela lui donnera l'occasion de se sentir utile, puisque vous pourrez ensuite aller chercher certains des produits.

❖ Encouragez-la à découper et à coller des images prises dans un catalogue de mode, une circulaire de marché d'alimentation ou une quelconque revue. Cependant, surveillez la manipulation des ciseaux ou l'utilisation de la colle si cela pose problème. En

18. Voir Lexique
19. Voir Lexique

effet, elle peut mal utiliser les ciseaux et risquer de se couper, ou bien être tentée de manger la colle.

❖ Achetez-lui de la pâte à modeler avec laquelle elle pourra créer des figurines, des serpents, des balles ou tout autre objet simple et facile à confectionner. Faites cependant attention à ce qu'elle ne les avale pas.

❖ Proposez-lui de faire du bricolage. Elle pourrait, par exemple, fabriquer des signets, des porte-clés, des cartes et des cadeaux d'anniversaire avec du carton, du papier, des crayons ou du collage. Ainsi, elle se sentira valorisée de confectionner un objet qui servira de cadeau.

❖ Achetez-lui des crayons de couleur faits de bois, de cire ou de feutre ou encore de la peinture à l'eau si elle aime écrire ou dessiner. Elle peut se servir de cahiers à colorier si elle n'arrive pas à dessiner.

❖ Offrez-lui cependant des cahiers à colorier dont les dessins comprennent une seule et grosse image, de manière à ce qu'elle en distingue bien les contours et la représentation. Ces cahiers sont préférables à ceux dans lesquels on retrouve plusieurs dessins complexes, qu'elle pourrait confondre entre eux.

❖ Préparez avec elle des décorations de Noël, de Pâques, d'Halloween ou pour d'autres occasions. Cette activité, en plus d'être intéressante, aura pour effet de la situer dans le temps. Si elle vous demande : « *Pourquoi veux-tu faire des décorations de Noël en plein été ?* », c'est parce qu'elle est désorientée. Répondez-lui simplement : « *On va prendre de l'avance cette année*», pour éviter de la contrarier. Plus tard, parlez-lui de Noël qui approche.

❖ Confectionnez avec elle un arbre généalogique de sa famille. Collez-y les photos des gens avec leur prénom. Profitez-en pour lui donner des nouvelles de la famille. Il est fondamental pour elle qu'elle ne se sente pas exclue du cercle familial, qu'elle sache ce qui s'y passe. Évitez, par contre, de lui annoncer les mauvaises nouvelles sans conséquences qui pourraient la perturber inutilement, comme le léger accident de voiture de votre fils.

❖ Organisez sa penderie avec elle. Par exemple, vous pouvez mettre les jupes ou les pantalons d'un côté, les chandails, les chemises ou les blouses de l'autre. Ou encore, préparez un ensemble que vous placerez sur un cintre et qu'elle pourra suspendre elle-même dans la garde-robe.

❖ Demandez-lui de polir ou de cirer ses chaussures, de coudre des bas ou de teindre un vêtement, si elle est en mesure d'effectuer de telles tâches.

❖ Laissez-la classer des boutons par couleur, par grosseur ou autrement. Il pourrait aussi être amusant pour elle de faire des colliers avec des boutons ou tout autre objet muni d'un trou (perles).

❖ Demandez-lui de l'aide pour la préparation des repas. Elle peut mettre les couverts, couper ou laver les légumes, mélanger les ingrédients d'une recette. Allez-y selon ses goûts, et surtout selon ses capacités.

Il se pourrait qu'elle puisse faire la cuisine elle-même si vous lui préparez les ingrédients, les lui passez un à la fois, en lui indiquant comment procéder, étape par étape.

❖ Permettez-lui de trier des clous ou des vis si la personne avait l'habitude de travailler avec ces matériaux, et si leur manipulation lui semble agréable.

❖ Offrez-lui de vous aider à vérifier si les objets à l'intérieur de la maison sont en bon état. Par exemple, faites-lui examiner les pattes des tables, les serrures, les ampoules, etc. Si la personne avait l'habitude de réparer les objets brisés, elle sera probablement contente que sa compétence soit mise à contribution.

❖ Demandez à la personne de vous masser le dos ou les épaules ou inversez les rôles. Vous en retirerez tous les deux un effet relaxant bénéfique, en plus de maintenir des contacts physiques, spécialement si vous formez un couple.

❖ Encouragez-la à caresser son animal domestique. Elle peut brosser le chat, lancer une balle au chien ou nourrir l'oiseau. Les contacts avec les animaux sont généralement faciles à entretenir puisque ceux-ci n'ont pas d'attentes et ne portent pas de jugements sur la personne.

❖ Cessez de lui proposer une activité dans les mêmes termes, si la personne semble prendre cela comme un affront. Changez votre approche pour arriver au même résultat. Elle peut vous dire, par exemple :

« *Voyons! Pourquoi veux-tu me faire faire ça ?*» simplement parce qu'elle ne sait pas comment s'y prendre ou qu'elle a peur de ne pas bien réussir. Vous pouvez alors employer une approche plus stimulante comme : « *Viens on va faire une carte pour Josée. Tu es excellent pour dessiner des chevaux. Moi je vais lui écrire un petit mot.*»

❖ Laissez-lui prendre une initiative et exploitez le moment. Par exemple, si vous voyez qu'elle plie et déplie sans cesse sa chemise, allez lui chercher des draps ou des serviettes à plier.

❖ Guidez les activités si cela est nécessaire. Concrètement, donnez-lui des consignes claires, visuelles et veillez à minimiser les risques d'accidents. Par exemple : « *Prends le ciseau. Découpe ici, autour du chat. Tiens, prend la colle. Dépose de la colle sur la feuille. Colle le chat ici.*»

❖ Éliminez les distractions lorsque vous amorcez une activité, de sorte que toute sa concentration soit mobilisée par cette activité. Comme sources de distractions, il y a la radio, le téléviseur, des gens autour qui discutent, etc.

❖ Organisez des activités de courte durée. En effet, le temps de concentration normal moyen chez la personne atteinte se situe autour de vingt ou trente minutes. Ne lui demandez donc pas de franchir ses limites de tolérance.

## LES ACTIVITÉS INTELLECTUELLES

❖ Demandez-lui de classer les coupons-rabais par catégories, par exemple, les fruits et légumes, les produits d'hygiène, etc. Ceci, bien sûr, si elle est en mesure de lire ce qui est inscrit sur les coupons, d'en reconnaître les images et de faire les liens nécessaires entre ces derniers pour l'exécution de cette activité. Sinon, elle pourrait les classer par couleur, par ordre de grandeur ou autrement.

❖ Jouez aux cartes ou à différents jeux de société avec elle. Choisissez les jeux auxquels elle s'intéressait et avait l'habitude de participer. S'il lui est difficile d'en suivre convenablement les règles, simplifiez-les ou omettez-en tout simplement un certain nombre.

❖ Jouez au bingo si elle apprécie cette activité. Vous pouvez vous procurer un jeu avec des images simples, s'il lui est difficile de décoder les chiffres. Ces jeux sont disponibles au département des jouets pour enfants dans la plupart des grands magasins.

❖ Procurez-vous un casse-tête adapté pour les personnes atteintes de déficits cognitifs, comme c'est le cas pour la maladie d'Alzheimer. Ces casse-tête sont faciles à réaliser ; les images réfèrent à des scènes ou à des objets d'usage quotidien qu'il est aisé de reconnaître. Aussi, ils sont incassables ; les morceaux sont suffisamment gros pour ne pas que la personne les avale et, de plus, ils sont non toxiques si elle les met dans sa bouche. Ils ont aussi été conçus au Québec. Vous pourrez obtenir des renseignements supplémentaires à ce sujet, ainsi que sur la façon de vous les procurer, en contactant la Société Alzheimer de votre région[20].

❖ Inventez des jeux qui font référence à sa mémoire ancienne. Par exemple, posez-lui des questions du genre « *Dans quelle ville est née ta mère ?* » ; « *Comment s'appelait ton premier chat ?* ». Ou encore, demandez-lui : « *Qu'est-ce que ça te rappelle si je te dis "bicyclette" ?* »

❖ Laissez-lui regarder la télévision si elle en manifeste le désir. Toutefois, supervisez ce qu'elle regarde. Il arrive, par exemple, que certaines émissions renfermant des scènes de violence sèment l'angoisse chez les personnes atteintes. De même, souvenez-vous qu'il est possible qu'elle interprète mal ce qui s'y déroule et qu'elle croie que l'émeute ou le peuple africain qu'elle voit au petit écran se trouve dans son salon.

❖ Faites-lui la lecture si elle prend plaisir à vous entendre lire. Laissez-la lire pour vous lorsqu'elle est en mesure de le faire.

❖ Choisissez de courts récits puisqu'il est possible qu'à la fin d'une page, ou d'un paragraphe, elle ne se souvienne plus du début de l'histoire. Dans ce cas, des articles de journaux peuvent être appropriés, puisque les textes sont relativement brefs. Ici aussi, il est nécessaire de censurer les lectures choisies, si elle n'est pas en mesure d'en juger le contenu. Par exemple, elle peut être effrayée par une guerre se

---

20. Voir Liste des Sociétés Alzheimer

déroulant dans un autre pays et croire que l'événement se passe ici.

❖ Regardez des photos de famille avec elle et commentez les jours heureux.

❖ Faites-lui écouter de la musique et chantez ensemble, si son état ne lui permet pas de faire d'autres activités. La musique semble rejoindre même les gens avec qui on avait perdu espoir de reprendre contact.

❖ Stimulez les sens de l'odorat, du goûter et du toucher, auxquels on oublie trop souvent de faire appel. Par exemple, faites-lui toucher différentes textures comme de la ouate, du papier sablé, la fourrure du chien, etc. Ou faites-lui goûter des aliments sucrés, salés ou amers, froids ou chauds. Afin de stimuler son odorat, faites-lui sentir de l'encens, du parfum, de la moutarde, de la vanille, etc.

Bien choisir une activité requiert de l'imagination. Toutefois, n'oubliez pas que la personne ayant des problèmes de mémoire à court terme aura oublié après quelques heures, ou quelques minutes, l'activité qu'elle vient de réaliser. Ainsi, lorsque l'activité fonctionne bien, n'hésitez pas à la lui proposer à nouveau le lendemain. Vous éviterez de chercher sans cesse de nouvelles activités.

Finalement, souvenez-vous que les activités quotidiennes comme le bain, l'habillage et les repas sont en elles-mêmes des activités que vous pouvez rendre intéressantes, et qui peuvent occuper une bonne partie de la journée. Il n'est donc pas nécessaire de jouer pour occuper la personne. Prendre votre bain avec elle, lui laver les cheveux et lui laisser laver les vôtres peut être très agréable, et être considéré comme un loisir. ❖

# CHAPITRE

# **M**otricité

La motricité est cette fonction du système nerveux qui ordonne la contraction des muscles qui permet tous les mouvements du corps. De cette façon, il nous est possible de bouger volontairement les doigts, de prendre un verre d'eau dans notre main ou de lever les pieds pour marcher.

Toutefois, comme la maladie d'Alzheimer affecte le système nerveux, la volonté de la personne de bouger, par exemple la main, n'est pas transmise aux muscles par le cerveau. Ainsi, la personne atteinte n'arrive pas à exécuter un mouvement ou une suite de mouvements coordonnés. Elle sait ce qu'elle veut faire, mais n'y arrive pas. Ce phénomène est appelé «apraxie»[21].

Graduellement, se présentent au cours de la maladie des problèmes : prendre un objet, incapacité à coordonner les mouvements, perte d'équilibre, rigidité musculaire. Cela amène des difficultés pour s'habiller, manger, prendre un bain, aller à la toilette et manipuler des objets. Ce chapitre tentera de donner des conseils pratiques pour pallier à ces déficiences.

---

21. Voir Lexique

Par ailleurs, il semble parfois difficile de déterminer si la personne éprouve un problème de motricité devant l'échec d'une activité particulière, ou si elle a simplement oublié de quelle façon accomplir la séquence des actions nécessaires à l'exécution de cette tâche. Il s'avère donc essentiel de lui expliquer cette séquence, étape par étape, en lui montrant comment l'exécuter. Si le problème se situe au niveau de la mémoire, elle pourra accomplir la tâche. Dans le cas contraire, il s'agit probablement d'une déficience de motricité.

Avec l'évolution de la maladie, la personne en arrive à ne plus pouvoir marcher, voire à se mouvoir d'elle-même. Il est tout de même envisageable, dans certains cas, de garder la personne à la maison. Dans ce cas, une aide et des conseils s'avèrent indispensables pour prendre soin d'une personne alitée. Ce chapitre propose une liste de conseils, mais cette dernière est loin de constituer une liste exhaustive ; une rencontre avec une infirmière est à conseiller pour en connaître davantage.

## LES ACTIVITÉS QUOTIDIENNES

### ■ L'HABILLAGE

Facilitez-lui la tâche en adaptant ses vêtements si elle éprouve des problèmes de motricité, par exemple :

❖ Assurez-vous que ses vêtements ne soient pas trop serrés, particulièrement à la taille, ce qui pourrait provoquer une douleur au ventre.

❖ Procurez-lui des pantalons et/ou des jupes dont la taille est élastique. Il lui sera ainsi beaucoup plus facile de les enfiler.

❖ Achetez-lui des ensembles de «jogging»; ils sont faciles à enfiler et confortables. Lorsque c'est possible, choisissez-les sans poches. Elle ne risquera pas d'y camoufler de la nourriture ou d'être incapable de sortir sa main (parce qu'elle garde le poing fermé).

❖ Achetez-lui des chandails qu'elle n'aura qu'à enfiler par-dessus la tête, plutôt que des blouses ou des chemises dont les boutons sont difficiles à manipuler pour les personnes atteintes. Si elle a peur lorsqu'elle a le chandail sur la tête ou que l'ouverture du cou est trop serrée, donnez-lui des chandails avec une fermeture éclair à l'avant.

❖ Remplacez les boutons et les fermetures éclair par des boutons-pression ou des bandes de velcro. Cependant, observez bien sa réaction. Certaines personnes n'arrivent pas à se servir adéquatement des bandes de velcro, car leur utilisation ne réfère pas à un comportement appris depuis assez longtemps; d'autres sont effrayées par le bruit de celles-ci. Dans ces cas, évitez de les utiliser.

❖ Retirez-lui les ceintures ou les accessoires tels que les foulards et les épinglettes si leur utilisation requiert des notions oubliées. Bien qu'il soit important de préserver leur coquetterie, il n'en demeure pas moins que, lorsque des problèmes d'autonomie sont présents, l'aspect pratique doit être privilégié. Par exemple, faites disparaître ses ceintures lorsqu'il y a diminution de dextérité chez la personne atteinte, et que le temps qu'elle prendrait à tenter de détacher sa ceinture ferait en sorte qu'elle urinerait dans sa culotte.

❖ Choisissez-lui des souliers faciles à mettre et confortables. Les chaussures lacées sont souvent meilleures puisqu'elles tiennent mieux aux pieds.

❖ N'oubliez pas que de nombreuses paires de chaussures sont maintenant disponibles avec des attaches de velcro. Ce genre de chaussures facilite la tâche à la personne incapable de nouer des lacets, dans la mesure ou les attaches de velcro ne l'effraient pas.

❖ Évitez les bas-culotte en nylon (pour les femmes). Ceux-ci sont compliqués à enfiler; optez pour des bas aux genoux. De plus, la personne pourrait ne pas se souvenir qu'elle porte des bas de nylon, particulièrement si ceux-ci sont de la même couleur que sa peau; cela créerait des problèmes, entre autres, lorsqu'elle a besoin d'aller à la toilette.

❖ Retirez des tiroirs les gaines, les corsets ou tout autre sous-vêtement difficile à mettre, sauf si ceux-ci sont recommandés par un médecin, par exemple pour apaiser un mal de dos.

❖ Procurez-lui des camisoles plutôt que des soutiens-gorge si leur utilisation est devenue compliquée.

❖ Achetez-lui des vêtements avec une ouverture au dos si elle est alitée ou que sa rigidité musculaire vous empêche de la vêtir normalement. Ou encore, vous pouvez vous-même couper le dos des robes et des chandails, et y installer un cordon dans l'encolure, de la même façon que sont conçues les jaquettes d'hôpital.

❖ Assurez-vous cependant que les boucles que vous ferez avec les cordons (pour les attacher) soient bien placées, sans quoi elles pourraient faire des plaies de lit. Regardez bien si elle a des rougeurs près des boucles. Si c'est le cas, les boucles sont probablement mal placées et vous devriez consulter un ergothérapeute[22] pour vous aider.

❖ Commandez-lui des vêtements adaptés si vous n'êtes pas en mesure de les fabriquer vous-même. Informez-vous auprès de la Société Alzheimer de votre région[23] pour connaître les coordonnées des magasins ou individus qui vendent ce genre de vêtements.

## ■ LES REPAS

❖ Coupez les aliments dans son assiette si cela est nécessaire. Toutefois, évitez de le faire devant elle pour ne pas qu'elle se sente traitée comme un enfant.

❖ Mettez-lui un ustensile dans la main et guidez cette dernière vers sa bouche. Elle pourra ainsi plus facilement comprendre le mouvement à effectuer. Cette technique est valable également pour l'aider à

---

22. Voir Lexique
23. Voir Liste des Sociétés Alzheimer

se laver les dents, à se brosser les cheveux ou à s'habiller.

❖ Servez-lui de la nourriture qu'elle puisse manger avec ses doigts. Par exemple : des sandwiches, des frites, des hot-dogs, du fromage, des fruits et des légumes.

❖ N'accordez pas d'importance aux dégâts qu'elle peut faire en mangeant à cause de sa difficulté à coordonner ses mouvements.

❖ Placez un linge humide sous son assiette si cette dernière tend à glisser parce que la personne la pousse en mangeant. Vous en augmenterez ainsi l'adhérence.

❖ Évitez de lui offrir des ustensiles de plastique, qui sont trop légers et donc difficiles à tenir. D'autant plus qu'ils peuvent se briser dans sa bouche et occasionner des problèmes si la personne en avale des morceaux.

❖ Servez-vous d'assiettes suffisamment grandes afin d'éviter que le contenu ne se répande.

❖ Utilisez des assiettes à rebords : elles sont plus commodes que les assiettes plates.

❖ Procurez-vous des plats, des assiettes, des bols et des tasses à succion afin d'augmenter l'adhérence à la table ou encore des napperons antidérapants.

❖ Achetez-lui des assiettes à compartiments si la personne n'aime pas que les aliments ne se mélangent entre eux.

❖ Servez-lui les soupes dans une tasse. Il lui sera plus facile de les boire que de les manger avec une cuillère.

❖ Ne remplissez les verres et les tasses qu'à moitié si elle tend à les renverser.

❖ Procurez-lui un tablier de plastique si elle salit ses vêtements à chaque fois qu'elle mange. Faites cependant attention à ce qu'elle ne perçoive cela comme une façon de l'infantiliser. Pour ce faire, vous pourriez lui demander : «*Je vais porter un tablier pour ne pas salir ma chemise. En veux-tu un aussi ?*» Si elle refuse, n'insistez pas, attendez un autre jour et tentez une autre manière de l'amener à en porter un.

❖ Évitez, par contre, de lui suggérer des tabliers d'enfants (bavettes). Proposez-lui plutôt des tabliers de cuisine comme ceux qu'utilisent les adultes.

## ■ L'INCONTINENCE

❖ Procurez-lui une toilette portative (chaise d'aisance) ou un pot de chambre, si elle est en mesure d'en reconnaître l'usage et de s'en servir, lorsque la toilette est trop loin ou difficile d'accès parce qu'elle doit monter ou descendre un escalier.

❖ Installez un siège de toilette surélevé ou des barres d'appui sur le mur si elle a de la difficulté à s'asseoir et à se relever de la toilette toute seule. Des appuie-bras pour la toilette sont aussi disponibles.

❖ Procurez-lui des souliers adéquats avec de bonnes semelles antidérapantes si sa démarche est incertaine, et qu'elle refuse de se rendre à la toilette par peur de tomber.

❖ Facilitez-lui la tâche en adaptant ses vêtements si sa motricité défaillante l'empêche de se déshabiller assez rapidement et provoque de l'incontinence.

❖ Aidez-la à se déshabiller si elle n'arrive plus à le faire seule.

## ■ AUTRES

❖ Procurez-lui de gros crayons afin de lui permettre une meilleure prise pour écrire. Plusieurs modèles de ce genre sont disponibles, tant au plomb, en cire qu'à l'encre.

❖ N'accordez pas d'importance au fait qu'elle laisse tomber des objets par terre. Effectivement, la sensibilité du bout des doigts étant atteinte au même titre que la mémoire, il est possible qu'elle soit distraite et qu'elle ouvre la main, laissant tomber l'objet qu'elle tenait et ce, sans nécessairement s'en rendre compte.

❖ Faites-lui retirer son permis de conduire si vous notez un ralentissement des réflexes, lesquels sont indispensables à la conduite automobile. Pour ce faire, informez-vous auprès de la Société Alzheimer de votre région pour en connaître la démarche.

# LA DÉMARCHE ET
# LES PERTES D'ÉQUILIBRE

❖ Abstenez-vous d'attacher la personne avec des contentions de toutes sortes, sauf si cela paraît être la seule façon de préserver sa sécurité, par exemple, si elle se tient difficilement sur une chaise et qu'elle risque d'en tomber.

❖ Achetez-lui un fauteuil gériatrique[24] plutôt que de l'attacher. Ce fauteuil empêche la personne de tomber, grâce à une tablette placée au niveau de sa poitrine. Observez bien sa réaction; certaines personnes atteintes deviennent agressives lorsqu'elles sont immobilisées, et dans ce cas vous ne feriez que perdre sa confiance.

❖ Montrez-lui à écarter les pieds, d'une distance égale à celle de la largeur de ses épaules, avant de s'asseoir. Ainsi, elle risquera moins de perdre l'équilibre.

❖ Conseillez-lui de se pencher vers l'avant lorsqu'elle plie les genoux pour s'asseoir. Il est plus facile de s'asseoir ainsi qu'en gardant le dos droit.

❖ Rappelez-lui de s'avancer sur le bout de la chaise et d'appuyer ses bras sur les accoudoirs avant de se lever. Si cela la rassure, prenez-lui le bras et comptez : «Un... deux... trois...» et aidez-la à se lever à «Go».

---

24. Voir Lexique

❖ Acceptez le fait que sa démarche ralentisse, qu'elle traîne les pieds en marchant et qu'elle fasse de tout petits pas. Si vous devez marcher, partez plus tôt que prévu. N'attendez pas d'elle une démarche sûre et rapide.

❖ Donnez-lui le bras pour mieux la soutenir si sa démarche est instable, plutôt que de lui tenir le sien.

❖ Procurez-lui une canne ou une marchette afin de rendre sa démarche plus sécuritaire. Il est toutefois possible qu'elle ne puisse pas apprendre à s'en servir adéquatement.

❖ Faites attention aux planchers trop bien cirés. Ceux-ci, bien qu'étant plus beaux, deviennent glissants et dangereux pour quelqu'un dont l'équilibre est instable.

❖ Fixez les tapis au sol afin de les empêcher de glisser sur le plancher, et de risquer que la personne ne trébuche.

❖ Installez des barres d'appui dans la salle de bain, les corridors, les escaliers et à tout endroit où cela pourrait être utile.

❖ Procurez-lui des souliers avec des semelles antidérapantes afin de prévenir les éventuelles chutes.

❖ Consultez son médecin lorsque vous vous apercevrez que sa démarche ou sa posture change, ou qu'elle fait régulièrement des chutes. Il est en effet possible que cette situation soit attribuable à un problème physique ou aux effets secondaires des médicaments.

❖ Assurez-vous que les meubles soient solides et stables si elle a tendance à s'y appuyer. Débarrassez-vous des meubles qui ne présentent pas ces caractéristiques.

Vous pourrez vous procurer tout le matériel adapté suggéré dans ce chapitre dans les magasins de matériel spécialisé répertoriés dans l'annuaire des pages jaunes sous la rubrique «fauteuils roulants».

## EN CAS DE CHUTE

❖ Gardez votre calme. Des chutes sans grande importance sont souvent inévitables.

❖ Assoyez-vous par terre avec elle, si vous le pouvez, afin de mieux la rassurer.

❖ Confirmez verbalement votre présence auprès d'elle. Gardez contact avec elle en lui prenant la main ou en lui caressant les cheveux.

❖ Vérifiez qu'elle n'ait pas de blessures apparentes (comme des coupures) et ne vous affolez pas si c'est le cas. Tâchez de savoir si elle éprouve de la douleur.

❖ Tentez de l'aider à se relever si elle ne semble pas avoir de fractures et si vous en êtes capable. Ne forcez pas inutilement car vous pourriez vous blesser au dos.

❖ Demandez de l'aide à un voisin ou téléphonez au service ambulancier si vous ne pouvez le faire seule.

❖ Consultez un médecin si vous remarquez un changement de comportement après une chute importante et ce, même s'il n'y a pas de blessures apparentes. En effet, elle peut s'être fracturé une hanche, ou perforé le tympan de l'oreille, et ne pas pouvoir vous exprimer clairement sa douleur.

## L'INCAPACITÉ DE MARCHER

❖ Demandez l'aide d'un ergothérapeute lorsque la personne ne peut plus marcher et que vous devez lui procurer un fauteuil roulant. Étant donné qu'il en existe plusieurs types, il saura vous conseiller quant au meilleur choix à faire.

❖ Installez un couvre-matelas de type «coquilles d'œufs», ce qui est plus confortable pour la personne que d'être couchée directement sur le matelas. En plus, cela contribue à prévenir les plaies de lit.

❖ Élevez la tête de son lit avec des coussins afin de favoriser la respiration, ainsi que la déglutition des liquides et de la nourriture, si vous ne disposez pas de lit d'hôpital. Il est possible de louer ce type de lits. Informez-vous auprès de votre CLSC[25].

❖ Assurez-vous qu'elle reste assise au moins trente minutes après un repas. La digestion se fera plus facilement.

---

25. Voir Lexique

❖ Veillez à ce que la personne se trouve dans une position confortable, en plaçant des coussins sous son dos et entre ses genoux (lorsqu'elle est couchée sur le côté).

❖ Mettez-lui de la crème hydratante si sa peau s'assèche facilement, et de la fécule de maïs pour éviter les plaies de lit.

❖ Tournez-la régulièrement dans son lit (aux deux heures) si elle n'est plus capable de le faire elle-même afin qu'elle ne développe pas de plaies de lit.

❖ Vérifiez qu'elle n'ait pas de plaies de lit. Vous vous apercevrez qu'elle commence à en avoir lorsqu'elle aura des rougeurs, par exemple, sur les hanches ou sur les fesses.

❖ Demandez à ce qu'un médecin ou une infirmière lui rende visite lorsque vous noterez la présence de plaies, de rougeurs ou de toute autre irruption cutanée importante.

Prendre soin d'une personne alitée à la maison est possible si, et seulement si, vous bénéficiez d'un soutien important de la part du service de maintien à domicile de votre CLSC, de la famille et d'agences privées de gardiennage, pour combler les vides. Il est impensable, pour une personne seule, de s'occuper de tous les problèmes qu'implique l'alitement d'une personne atteinte de la maladie d'Alzheimer. Ainsi, ne tentez pas de le faire et demandez de l'aide, ou consentez à la faire admettre dans un centre d'hébergement. ❖

# CHAPITRE

# N UITS

**P**rendre soin à domicile d'une personne atteinte de déficits cognitifs[26] exige une disponibilité de presque 24 heures sur 24. Il s'avère que, dans la très grande majorité des cas, la personne qui prodigue les soins, est la même le jour comme la nuit. Cela a pour principale conséquence d'empêcher cette personne de profiter du moment de récupération qu'offre généralement la nuit. Il faut vivre avec une personne atteinte pour savoir combien ce repos est essentiel pour avoir la force d'entamer la journée suivante.

Les problèmes vécus la nuit sont semblables à ceux vécus le jour, amplifiés toutefois par le fait que les gens sont davantage désorientés à la tombée de la nuit, d'où le nom «syndrome du crépuscule». On constate que, généralement, leur insécurité, leurs peurs, leur agitation, ainsi que leurs problèmes d'errance et d'incontinence sont plus fréquents à ce moment-là.

On rencontre les problèmes reliés au «syndrome du crépuscule» à domicile, mais plus souvent après un déménagement, par exemple dans un centre d'hébergement. Ce problème est également fréquent au moment

---

26. Voir Lexique

d'une modification de la routine quotidienne, par exemple lors d'une réunion familiale. Conséquemment, dans la mesure où la routine est conservée, il est possible d'en minimiser les effets.

En plus d'être attentive au «syndrome du crépuscule», il est essentiel de veiller à ce que l'horloge biologique de la personne atteinte de la maladie ne s'inverse pas. Dans plusieurs cas l'évolution du cycle du sommeil se produit de la façon suivante : les gens font une petite sieste le jour, puis deux, puis une de plus en plus longue; et le cycle du sommeil commence à s'inverser pour en arriver à ce que la personne dorme le jour et demeure éveillée la nuit. Étant donné que vous avez besoin de repos, et qu'il est impensable de pouvoir prodiguer des soins jour et nuit, surveillez ce phénomène.

À la limite, lorsque tout a été tenté pour éviter l'inversion, certains médicaments pourront la faire dormir la nuit et ainsi vous permettre de récupérer.

Néanmoins, certaines personnes dorment très bien et il n'est pas fondé d'appliquer ces conseils à toutes les personnes atteintes de la maladie.

Ce chapitre vise à donner des conseils sur la façon de favoriser un meilleur sommeil. Lorsque, malgré tout, la personne n'arrive pas à dormir, des conseils seront également suggérés en cas d'insomnie.

# FAVORISER UN MEILLEUR SOMMEIL

❖ Faites-lui exécuter des activités physiques dans la journée, afin qu'elle soit mieux disposée au sommeil (voir à ce sujet le chapitre Loisirs).

❖ Veillez à ce qu'elle ne fasse pas trop de siestes ou que celles-ci ne soient pas trop prolongées. Il est normal qu'elle ne s'endorme pas la nuit si elle a dormi plusieurs heures pendant la journée.

❖ Permettez-lui des périodes de repos pendant la journée si elle est agitée le soir parce qu'elle est trop fatiguée. Il est en effet possible que la fatigue la rende vulnérable et augmente ainsi sa confusion[27]. En conséquence, elle trouvera plus difficilement le sommeil.

❖ Tâchez de lui trouver une activité qui l'occupe lorsque l'obscurité arrive, afin qu'elle ne s'en rende pas compte. Par exemple, si vous préparez le souper, demandez-lui de vous aider plutôt que de la laisser assise près de la fenêtre. Ainsi, elle sera moins sensible au changement de clarté et les problèmes reliés au «syndrome du crépuscule» seront moins présents.

❖ Allumez les lumières à l'intérieur de la maison avant que la nuit n'arrive afin qu'elle ne soit pas (ou soit moins) affectée par le changement de luminosité à l'extérieur.

---

27. Voir Lexique

❖ Suggérez-lui de faire une promenade après le souper (préférablement l'été parce qu'il fait clair plus tard) pour lui permettre de mieux digérer ; une mauvaise digestion contribue également à un sommeil plus agité.

❖ Installez une veilleuse dans la salle de bain de sorte que la personne puisse s'y rendre la nuit. Ainsi, elle risquera moins de chercher l'endroit et d'être angoissée parce qu'elle ne le localise pas. Elle parviendra alors plus facilement à se rendormir à son retour au lit.

❖ Assurez-vous qu'elle ait uriné avant le coucher, de manière à ce que ça ne la réveille pas, du moins au début de son sommeil.

❖ Évitez de lui offrir trop de stimulations quelques minutes ou quelques heures avant le coucher, ce qui ferait en sorte de la perturber. Par exemple, si vous avez des invités, demandez-leur de partir tôt, de manière à pouvoir rester calmement avec la personne atteinte une heure ou deux avant qu'elle n'aille dormir.

❖ Offrez-lui de la tisane ou du lait chaud avant le coucher. Le café, le thé, le cola et le lait au chocolat contiennent de la caféine qui pourrait contribuer à rendre son sommeil agité ou tout simplement l'empêcher de dormir.

❖ Écoutez ensemble de la musique de relaxation avant le coucher. Cela contribuera à vous détendre, vous aussi. Si cela peut l'aider, laissez-lui la musique le temps qu'elle s'endorme.

❖ Étendez-vous avec elle si cela peut la rassurer. Cependant, levez-vous dès qu'elle s'endormira si vous n'êtes pas suffisamment fatiguée pour dormir ou avez besoin d'être un peu seule.

❖ Assurez-vous qu'elle ne se couche pas trop tôt. Il est prévisible que, si elle se couche à huit heures, elle pourrait se réveiller à trois ou quatre heures du matin et vouloir déjeuner.

## EN CAS D'INSOMNIE

Parmi les causes possibles d'insomnies, on retrouve les suivantes :

### ■ L'INCONFORT OU LES PROBLÈMES PHYSIQUES

❖ Assurez-vous que l'insomnie ne soit pas causée par une douleur physique. Si elle n'arrive pas à vous exprimer sa douleur, touchez-la doucement un peu partout et tentez de localiser la douleur.

❖ Laissez-lui suffisamment de couvertures afin qu'elle n'ait pas froid. Il est possible qu'elle se lève à plusieurs reprises et qu'elle déambule dans le but de trouver un endroit plus confortable ou quelque chose qui puisse la tenir au chaud.

❖ Touchez-lui les pieds afin de vous assurer qu'ils ne soient pas glacés. Si c'est le cas, déposez une couverture sur ses pieds afin de les lui réchauffer.

## ■ L'AGITATION

❖ Demandez à son médecin ou au pharmacien si les médicaments qu'elle prend provoquent l'agitation qui l'empêche de dormir. Si c'est le cas, informez-vous si un autre médicament avec moins d'effets secondaires ne pourrait pas lui être administré, en remplacement de celui (ou de ceux) responsable de l'agitation.

❖ Faites-lui un massage si elle semble trop tendue pour trouver le sommeil.

❖ Remarquez si elle est agitée parce qu'elle interprète mal son environnement. Par exemple, si elle sur-saute lorsque le son du moteur du réfrigérateur se fait entendre. Quelqu'un d'autre en identifierait simplement le bruit et poursuivrait son sommeil. Quant à la personne atteinte de la maladie d'Alzhei-mer, elle peut ne pas l'identifier et, par conséquent, être angoissée et incapable de dormir.

❖ Ne l'obligez pas à demeurer couchée si elle ne s'endort pas. Laissez-la regarder la télévision ou allez faire une promenade avec elle de manière à la prédisposer au sommeil.

❖ Laissez-la se lever si, d'une part elle ne risque aucun danger, et si, d'autre part, elle ne risque pas de sortir dehors la nuit lorsqu'elle ne trouve pas le sommeil. Il n'est pas toujours possible (ou nécessaire) que vous sachiez ce qu'elle fait à chaque instant. Elle finira par s'endormir.

## ■ LES PRÉOCCUPATIONS

❖ Remarquez si son agitation n'est pas plutôt attribuable à un stress particulier, comme par exemple son rendez-vous du lendemain chez le médecin ou la crainte de se faire voler.

❖ Rassurez-la lorsqu'elle vous communique une préoccupation. Par exemple, si elle a peur qu'on lui vole son argent, dites-lui : « *Viens on va cacher ton argent ici. Maintenant, on va verrouiller la porte. Ne t'inquiète plus. Sois certain qu'il sera toujours là demain.*» Si elle persiste et qu'elle veut dormir avec son porte-monnaie, permettez-le lui.

❖ Ramenez-la doucement dans la chambre si elle est préoccupée par quelque chose. Dites-lui : «*Je comprends que cela te préoccupe. Nous verrons cela demain matin.*» Il est important qu'elle sente que vous tenez compte de ce qu'elle dit.

## ■ LA DÉSORIENTATION

❖ Tentez de savoir pourquoi elle se lève la nuit. Il est possible qu'elle ait faim, soif, froid, ou besoin d'aller à la toilette et qu'elle ne se souvienne plus pourquoi elle s'est levée. Ainsi, elle marche en essayant d'en retrouver la raison ou cherche le chemin de sa chambre.

❖ Rassurez-la si elle se réveille brusquement et n'arrive plus à se rendormir. Il est possible qu'elle vienne de faire un rêve, voire un cauchemar et qu'elle ne fasse pas la différence entre celui-ci et la réalité. Si tel est le cas, elle aura besoin d'un peu de temps pour reprendre le contact avec la réalité. Une façon de la rassurer pourrait être de la serrer dans vos bras, de lui dire que tout va bien, de lui offrir une gorgée d'eau, et de la reconduire à sa chambre.

❖ Orientez-la si elle se lève et n'arrive plus à retrouver le chemin de sa chambre. Vous pouvez y allumer une veilleuse afin qu'elle soit attirée par cette lumière. Lorsqu'elle verra son lit, il est probable qu'elle se recouchera.

❖ Installez un ruban adhésif fluorescent le long du mur entre sa chambre et la salle de bain. Ainsi, elle distinguera bien le chemin jusqu'à sa chambre puisqu'elle suivra cette ligne lumineuse.

❖ Rassurez-la à propos de l'heure ou de la date si elle se réveille parce qu'elle croit être en retard au travail ou à un rendez-vous. Répondez-lui par exemple : « *Ne t'inquiète pas, il est seulement trois heures du matin, je te réveillerai pour ton rendez-vous. Dors maintenant et sois tranquille.* » Le matin, elle aura probablement oublié ce mystérieux « rendez-vous ».

❖ Utilisez votre sens de l'humour. Par exemple, demandez-lui : « *Où veux-tu donc aller à trois heures du matin ? À part nous deux, je me demande bien qui pourrait-être encore éveillé à une heure pareille ?* »

❖ Parlez-lui du chat ou de n'importe quel autre sujet de manière à attirer son attention. Puis, tranquillement, proposez-lui de retourner au lit.

❖ Laissez-la dormir sur le divan du salon si elle s'y est endormie et qu'elle est dans une position confortable.

Si vous la réveillez, vous risquez qu'elle soit désorientée et refuse de se recoucher ou qu'elle croit que c'est le matin.

❖ Situez-la si elle n'arrive pas à vous reconnaître, à reconnaître sa chambre ou l'heure qu'il est (voir à ce sujet le chapitre Désorientation).

❖ Rassurez-la si elle demande de retourner chez elle parce qu'elle est désorientée et ne reconnaît pas son environnement. Dites-lui, par exemple, « *On va dormir ici ce soir et demain on partira*». Consultez le chapitre Désorientation pour plus de détails sur la manière de la rassurer.

## ■ LE BESOIN DE RÉCONFORT

❖ Permettez-lui de dormir avec son animal si cela la rassure. Si elle n'en possède pas, essayez de lui en offrir un en peluche. Il est toutefois primordial d'agir avec tact, afin qu'elle ne perçoive pas cela comme une façon de l'infantiliser.

Pour ce faire, procurez-lui un animal en peluche et laissez-le à sa vue, par exemple sur la commode de sa chambre à coucher et attendez de voir sa réaction. Elle le prendra peut-être d'elle-même. Aussi, vous pouvez le lui montrer et lui demander : « *Comment le trouves-tu ?*» Si elle réagit plutôt mal, dites-lui que vous aviez pensé l'offrir à votre petite-fille.

## ■ LES FACTEURS ENVIRONNEMENTAUX

❖ Décorez sa chambre avec des couleurs douces et agréables si elle est décorée en rouge, noir, orange ou toute autre couleur très foncée. Les couleurs pastel auront pour effet de la calmer. Évitez cependant un tel changement si les couleurs sont adéquates, puisqu'elle pourrait ne pas reconnaître sa chambre.

❖ Observez s'il n'y a pas dans sa chambre un objet qu'elle pourrait mal percevoir, et ainsi avoir peur de rester couchée. Par exemple, il peut s'agir du rideau de la chambre qui vole au vent, d'une ombre quelconque sur le mur, ou d'un tapis qu'elle confond avec un trou.

## ■ AUTRES CONSIDÉRATIONS

❖ Informez-vous auprès d'un ergothérapeute[28] de la possibilité de lui installer des barreaux de chaque côté du lit. En plus de l'empêcher de tomber, ils peuvent la décourager de se lever. Ceci n'est pas recommandé lorsque la maladie n'en est pas à un stade avancé. Aussi, il faut s'assurer de n'effectuer ce changement que lorsque la personne n'aura plus besoin de se lever pour aller à la toilette, par exemple lorsqu'elle portera des couches-culottes pour la nuit.

❖ Installez une barrière pour enfants dans la porte de sa chambre. Un simple obstacle à franchir peut parfois l'empêcher de se promener la nuit.

❖ Faites chambre à part si vous n'arrivez pas à dormir parce qu'elle se lève continuellement. Bien que cette

---

28. Voir Lexique

situation soit difficile à accepter pour un couple, il demeure que votre sommeil est important car il est l'un des rares moments de récupération que vous ayez.

❖ Demandez à son médecin de lui prescrire des somnifères si aucune autre solution pour favoriser un sommeil normal n'a fonctionné. Il ne faudrait cependant pas que les doses soient trop fortes, étant donné les risques de dépendance et la confusion que les médicaments peuvent engendrer. ❖

# CHAPITRE

# OUBLIS

Les pertes de mémoire sont en général le premier symptôme de cette maladie. Elles y sont tellement associées que, dès que quelqu'un oublie un nom ou un numéro de téléphone, on lui attribue, à la blague, le diagnostic de la maladie d'Alzheimer. Or, la différence est grande entre les oublis anodins que nous connaissons tous (ne plus se souvenir où on a mis les clés de la voiture) et les oublis d'importance (ne pas se souvenir que la soupe doit être mangée avec une cuillère).

Les pertes de mémoire commencent de façon lente et subtile; la personne arrive généralement à bien les cacher au début de la maladie, de sorte qu'elles passent inaperçues. Puis, vient le moment où elle oublie un événement important. Cela attire votre attention et vous vous rendez compte que quelque chose ne va pas.

Dans un premier temps, la mémoire à court terme est affectée. Celle-ci se caractérise par la capacité de retenir une information (qui a été entendue, vue, perçue ou sentie) pour un usage immédiat. Par exemple, se souvenir d'un numéro de téléphone entre le moment où on le repère dans l'annuaire et le temps où on le compose; ou encore, le goût amer d'un aliment qu'on vient tout juste de goûter.

Lorsqu'elle est atteinte de la maladie, la personne ne possède plus cette capacité d'acquérir de nouvelles connaissances, parce qu'elles ne sont plus enregistrées par le cerveau. Elle vit alors dans le présent, mais elle est incapable de se souvenir de ce qui s'est déroulé il y a quelques minutes. Étant donné que sa mémoire à long terme demeure intacte, elle arrive à bien se souvenir des événements lointains. Évidemment, en plus de la mémoire à court terme et celle à long terme, il y a la mémoire à moyen terme.

Concrètement, la personne ne pourra plus se souvenir de ce que vous venez de lui dire (mémoire à court terme), pas plus que du nom de ses petits-enfants, nés quelques années plus tôt (mémoire à moyen terme). Par contre, elle se souviendra avec une exactitude parfois déconcertante de certains événements de son enfance, comme par exemple le nom d'un professeur (mémoire lointaine).

Enfin, avec l'évolution de la maladie, la mémoire lointaine sera aussi altérée. La personne en arrivera donc à se souvenir de moins en moins, puis, aucunement, des événements passés. La mémoire affective est, semble-t-il, celle qui demeure présente le plus longtemps.

De ces pertes de mémoire découlent les problèmes de désorientation par rapport aux personnes (puisque la personne se situe dans sa mémoire ancienne, elle confond les gens qu'elle voit devant elle avec ceux de son passé), ainsi que certains problèmes fonctionnels, comme le maniement du téléphone à clavier, du four micro-ondes et du répondeur. Effectivement, puisque la manipulation de ces objets ne réfère pas à sa mémoire lointaine (ils n'existaient pas dans sa jeunesse), elle n'arrive pas à apprendre leur mode de fonctionnement ou à s'en souvenir.

Ce chapitre tentera de vous proposer des conseils afin de solutionner les problèmes causés par la disparition de la mémoire à court terme, ainsi que pour favoriser l'utilisation de la mémoire à long terme et de la mémoire affective. Ensuite, un aide-mémoire sera suggéré.

## PALLIER LA MÉMOIRE À COURT TERME

❖ Évitez les interrogations du genre : « *Qu'as-tu mangé pour déjeuner ?*» Il est probable qu'elle n'ait aucun souvenir du repas préparé, et même d'avoir mangé. Elle pourrait alors répliquer : « *Comme d'habitude*» ou « *Pourquoi me poses-tu cette question ?*» afin d'éviter d'y répondre directement. Il est donc préférable de ne pas l'irriter en lui posant une question à laquelle elle ne peut répondre.

❖ Posez-lui plutôt des questions qui réfèrent au présent, par exemple : « *As-tu faim ?*» Il lui sera plus facile d'y répondre.

### ■ LES QUESTIONS RÉPÉTITIVES

❖ Répétez la réponse à une question aussi souvent que cela est nécessaire lorsque la personne atteinte vous pose inlassablement la même question, ou qu'elle ne semble pas comprendre la réponse. Bien que cela puisse devenir insupportable pour vous, il est essentiel pour la personne que vous le fassiez.

❖ Tentez de conserver le même ton de voix et la même attitude que lorsqu'elle vous a posé la question pour la première fois. Sans quoi elle ne comprendrait pas pourquoi vous êtes fâchée lorsqu'elle vous demande, par exemple, l'heure qu'il est.

❖ Comprenez que la personne ne vous manipule pas. Elle a vraiment oublié ce que vous lui avez dit il y a dix ou même deux minutes. Elle pose sans cesse la même question parce qu'elle n'a aucun souvenir de l'avoir déjà posée ; elle se rappelle encore moins de la réponse que vous lui avez donnée.

❖ Considérez qu'il arrive que ces demandes répétées soient le reflet d'une insécurité et qu'elle ait ainsi besoin d'être rassurée. Concrètement, si elle vous demande l'heure à toutes les deux minutes, c'est d'une part parce qu'elle a oublié sa question mais, d'autre part, par exemple, parce qu'elle a hâte de retourner chez elle ou de manger. Vous pouvez alors lui dire : « *Il est deux heures et nous allons retourner à la maison dans quelques minutes (ou après le souper). Ne t'inquiète pas*».

❖ Distrayez-la si vous n'en pouvez plus de répéter la même chose. Par exemple, si elle demande sans cesse l'heure, peut-être s'ennuie-t-elle. Demandez-lui de ramasser les feuilles mortes dehors, de balayer la maison, ou parlez-lui de vos enfants et donnez-lui des nouvelles de sa famille.

❖ Attendez-vous à répéter souvent la même chose dans la journée, voire dans la même heure. Ainsi, choisissez des réponses courtes et simples, puisque vous aurez à les répéter plusieurs fois. Par exemple, à la question *« Pourquoi je prends cette pilule ? »* répondez-lui simplement *« pour ton cœur »*, plutôt que *« tu prends cette pilule parce que tu as fait un petit arrêt cardiaque l'année dernière et …. »*. Répondre ainsi est la meilleure façon de vous épuiser.

❖ Évitez d'argumenter ou de vous fâcher contre elle. Ne répondez pas à sa question, plutôt que de lui répondre en criant parce que vous êtes épuisée de répéter la même chose.

❖ Observez les circonstances précédant ces questions répétitives. Est-ce dans un moment d'ennui, d'inactivité ou de surexcitation ? Il est possible qu'elle veuille simplement s'assurer que vous êtes là, que vous vous occupez d'elle. Elle peut aussi désirer communiquer, mais ne rien trouver à dire ; comme elle ne se souvient plus ce qu'elle a déjà dit, elle répète la même question.

❖ Profitez de ces pertes de mémoire à court terme pour lui proposer la même activité que la veille, ou lui apprendre les mêmes nouvelles. Comme elle ne s'en souvient pas, cela vous évitera de devoir trouver sans cesse de nouvelles activités à faire ou différents sujets de conversation.

## ■ LA CRAINTE DE SE FAIRE VOLER

❖ Considérez le fait que de perdre la mémoire à court terme lui fait oublier à quel endroit elle dépose ou cache ses objets de valeur. Ainsi, elle pourrait vous accuser de les avoir cachés, et même de les avoir volés.

❖ N'accordez pas d'importance à ses accusations. Étant donné qu'elle ne se souvient plus avoir vu (ou déplacé) ses objets, il est normal qu'elle pense que c'est vous qui l'ayez fait. Elle peut aussi accuser la personne venue vous visiter la veille, ou prétendre que quelqu'un est venu les lui voler sans être capable de l'identifier.

❖ Cherchez plutôt avec elle les objets qu'elle croit avoir perdus. Cela devrait la rassurer et lui confirmer que ce n'est pas vous qui les lui avez pris. Du moins, elle sentira que vous tenez compte de ce qu'elle vous exprime. Par exemple, dites-lui : «*Je n'ai pas pris ton argent. Mais peut-être qu'on l'a déposé quelque part et qu'on l'a oublié. Je vais t'aider à le retrouver.*»

## ■ SI ELLE ÉGARE SES OBJETS

❖ Évitez de lui laisser ses cartes d'assurance-maladie, d'assurance sociale et de crédit, si elle les range précieusement afin de ne pas se les faire voler, car vous n'arriverez peut-être pas à les retrouver en cas de besoin. D'autant plus qu'elle pourrait très bien les avoir «rangées» dans une poubelle.

❖ Conservez hors de sa portée les papiers importants comme les passeports, les testaments, le contrat de mariage, les reçus et garanties.

❖ Conservez, si possible, un double des objets utiles au cas où la personne les égare. Parmi ces objets, il y a les clés de la maison et de la voiture ; le carnet de téléphone dans lequel sont inscrits les numéros des amis et de la famille ; une paire de lunettes, etc.

❖ Laissez-lui des clés inutiles, des cartes de crédit et d'assurance-maladie périmées, de même qu'un permis de conduire expiré. Dans certains cas, vous pouvez même lui donner de l'argent de papier, genre « Monopoly » ou « Canadian Tire », si elle a tendance à perdre son véritable argent ou à le distribuer à tout le monde. Il est important qu'elle se sente indépendante et cela peut combler ce besoin.

❖ Agissez avec beaucoup de tact parce qu'elle pourrait s'en rendre compte et mal réagir. Commencez par lui donner des cartes expirées. Si elle s'en aperçoit, prétextez vous être trompée. Ensuite, donnez-lui dix billets de deux dollars. Si elle est contente d'avoir plusieurs billets et croit posséder beaucoup d'argent, vous pouvez commencer à lui donner de faux billets. Prévenez les employés de l'épicerie, du dépanneur, de la banque, de façon à ce qu'ils acceptent les billets. Vous pourrez ensuite les payer ou leur retourner ce que la personne a acheté.

# FAVORISER LA MÉMOIRE
# À LONG TERME

❖ Soyez consciente que la mémoire à court et à moyen terme disparaît peu à peu. Ne vous battez pas contre cette réalité ; la mémoire qui est perdue ne reviendra pas.

❖ Faites plutôt appel à sa mémoire à long terme, mémoire qui demeure présente plus longtemps. Par exemple, parlez-lui de ses parents, de sa jeunesse ou de son enfance. Également, demandez-lui des conseils sur la façon de cuisiner un mets en particulier, ou de réparer un objet quelconque.

❖ Laissez-la vous raconter des anecdotes, même si vous les connaissez par cœur parce qu'elle vous les a déjà racontées plusieurs fois. Posez-lui des questions comme si vous entendiez ces anecdotes pour la première fois, de manière à lui permettre de s'exprimer.

❖ Demandez-lui de raconter ces anecdotes lorsque vous avez de la visite ou quand elle parle à quelqu'un au téléphone. Elle se sentira valorisée de pouvoir parler d'un sujet qui intéresse les autres. De plus, vous l'aiderez à conserver sa capacité de s'exprimer. En effet, si elle ne parle jamais parce qu'elle n'arrive plus à suivre les sujets de conversation, elle s'isolera plus rapidement et perdra plus vite la faculté du langage.

❖ Répondez indirectement lorsqu'elle vous demande où est sa mère, ou quelqu'un qui est décédé depuis longtemps. Par exemple, dites-lui : « *C'est vrai que ça fait longtemps qu'on a eu de ses nouvelles.* » Profitez de sa mémoire ancienne pour lui demander : « *Te souviens-tu du voyage au Mexique quand on a amené ta mère avec nous ?* » Continuez de parler de sa mère, sans toutefois lui rappeler qu'elle est décédée depuis longtemps. Si cela ne fonctionne pas, vous pouvez lui dire : « *Elle est chez elle et elle va bien.* » Ensuite, changez de sujet en douce. Dans peu de temps, elle ne se souviendra probablement plus de cette question (consultez le chapitre Désorientation pour des informations complémentaires à ce sujet).

En somme, il s'agit de profiter de sa mémoire ancienne, qui est toujours présente, pour communiquer avec elle, rire, et lui permettre de se sentir compétente. Cette mémoire est fonctionnelle, contrairement à sa mémoire à court terme.

## LA MÉMOIRE AFFECTIVE

La mémoire affective consiste à se souvenir des émotions reliées à un événement plutôt qu'aux faits le constituant. Par exemple, la personne peut avoir peur d'un chien mais ne pas se rappeler qu'elle a déjà été mordue. La vue du chien lui rappelle simplement cette émotion de crainte.

Dans le même ordre d'idée, la personne atteinte de la maladie d'Alzheimer ne pourra pas toujours se souvenir de tout ce que vous faites pour elle, parfois même elle oubliera votre nom et vous confondra avec quelqu'un d'autre. Toutefois, sa mémoire émotive lui remémorera que vous êtes quelqu'un d'important à ses yeux. Ainsi, le sentiment de sécurité et de bien-être qu'elle ressentira en votre présence demeurera, bien au-delà de toutes mémoires et de sa capacité de s'exprimer.

Alors, si vous aviez des rituels affectifs, comme par exemple l'embrasser sur le front, il est nécessaire de ne JAMAIS CESSER de le faire. La personne reconnaîtra ce signe.

## AIDE-MÉMOIRE

❖ Utilisez les habiletés qui lui restent. Par exemple, si elle peut écrire, demandez-lui d'écrire les noms des personnes qui sont venues vous rendre visite, les titres des films que vous êtes allés voir ensemble au cinéma, l'appel téléphonique de votre fils, etc. Ainsi, en lisant ses notes, elle pourra plus facilement se souvenir.

❖ Ne croyez pas, cependant, que cela produit des miracles. Dans certains cas, elle ne se souviendra pas du film qu'elle a vu, mais elle pourra lire ses notes et dire ainsi à ses invités qu'elle est allée au cinéma.

❖ Conservez un environnement stable, ainsi qu'une routine dans toutes les activités effectuées, ce qui aura pour effet de l'aider à se rappeler, par exemple, qu'elle a l'habitude de se coucher après avoir pris son bain.

❖ Procurez-vous un calendrier avec de gros chiffres et assez d'espace pour y inscrire les rendez-vous avec le médecin, les visites des amis et de la famille, les anniversaires et les journées importantes.

❖ Tenez à jour un cahier de visites, ou un agenda, si elle avait l'habitude d'en utiliser un. Ainsi, lorsqu'elle dira d'une certaine personne qu'elle n'est pas venue depuis longtemps, vous pourrez lui dire : *« Moi aussi je m'ennuie d'elle et j'ai l'impression que ça fait des mois qu'on ne l'a pas vue. Mais tu vois, elle est venue la semaine dernière. Si tu veux, on peut l'inviter la semaine prochaine. »*

❖ Achetez-lui un réveille-matin avec de gros chiffres et des aiguilles. De cette manière, elle pourra regarder l'heure elle-même plutôt que de vous la demander sans arrêt (dans la mesure où elle peut lire l'heure).

❖ Inscrivez la liste des activités de la journée (ceci comprend les repas, le bain, etc.), de façon à ce qu'elle s'oriente dans le temps et qu'elle se souvienne de ce qu'elle a fait juste avant (voir à ce propos le chapitre Désorientation). ❖

# CHAPITRE

# P

## ARENTS ET AMIS

En plus du choc vécu par les conjoints au moment du diagnostic, et du fardeau quotidien qu'impose la prise en charge d'une personne atteinte de déficits cognitifs[29], il y a la honte de parler de la maladie. Quoi qu'on en dise, les réactions face à la maladie d'Alzheimer ne sont pas les mêmes qu'envers une maladie physique et ce, quelle qu'elle soit. Les préjugés sont très tenaces, de sorte que les familles craignent de prévenir leur entourage.

Lorsqu'elles le font, la nouvelle du diagnostic a des répercussions considérables sur tous les membres de la famille, au point de provoquer une crise familiale. Effectivement, l'entourage est bouleversé et chacun exprime différemment sa réaction, ce qui contribue à faire resurgir d'anciens conflits non résolus. Car, il faut bien l'admettre, la maladie d'Alzheimer ne change rien aux problèmes vécus antérieurement dans la famille, ni aux querelles interpersonnelles présentes.

À l'annonce du diagnostic, les réactions de chacun sont différentes ; elles dépendent de sa personnalité, des

---

29. Voir Lexique

liens qui l'unissent à la personne atteinte de la maladie, ainsi que de ses dispositions personnelles.

L'acceptation de la maladie ne constitue pas un automatisme et plusieurs sentiments la précèdent. Dans un premier temps, certaines personnes nieront la maladie de leur proche afin de se protéger contre la douloureuse réalité. Elles seront persuadées que la personne atteinte n'est pas malade et s'efforceront de vous en convaincre. De même, d'autres refuseront d'admettre qu'elles ne peuvent rien faire pour transformer le cours des événements ; elles tenteront de combattre la maladie et de gagner la bataille et ce, au péril de leur propre santé.

La peur est aussi présente chez de nombreuses personnes : peur de perdre le contrôle de la situation, ou peur d'être un jour atteintes de cette terrible maladie. Ceci est particulièrement vrai pour les amis ainsi que pour les frères et sœurs qui ont l'âge de la retraite, qui voient, dans le diagnostic de leur proche, l'annonce de leur propre vieillesse.

D'autres membres de la famille peuvent être fâchés que la maladie leur ait volé une partie de la personne qu'ils aiment, ou parce qu'elle leur apporte un lourd fardeau dont ils n'avaient pas besoin.

Aussi, au fil de la progression de la maladie, un sentiment de culpabilité peut naître chez certains membres de la famille qui se voient incompétents à soigner la personne.

Enfin, l'entourage arrive à admettre qu'il ne peut changer la situation et accepte, en tentant de s'y adapter au mieux, l'irréversibilité de la maladie.

L'objectif principal de ce chapitre est de vous faire part de l'importance d'être appuyée par les membres de votre famille. «La réunion de famille», thème de la prochaine rubrique, vise à mettre au clair la situation réelle. Certains membres de la famille n'accepteront pas le diagnostic et d'autres refuseront de vous aider. Il ne s'agit pas de porter un jugement sur leur comportement, mais de tenter de réagir en fonction de celui-ci. Ainsi, il est absolument inutile de dépenser votre énergie à tenter de les convaincre de quoi que ce soit.

Les enfants et les adolescents ont, eux aussi, le droit de connaître la situation, et des façons de les informer vous seront suggérées.

## LA RÉUNION DE FAMILLE

❖ Réunissez tous les membres de la famille qui désirent connaître l'état de la personne et qui acceptent de vous aider afin d'alléger votre tâche.

❖ Prévoyez que la personne atteinte de la maladie soit absente lors de cette rencontre. Il n'est pas recommandé de discuter de sa maladie, de ses conséquences et de son évolution devant elle et ce, particulièrement si vous croyez qu'elle n'est pas en mesure de saisir l'ensemble des conversations. Dans ce cas, elle pourrait mal interpréter les bribes qu'elle arriverait à comprendre. Évitez-lui ce moment difficile.

❖ Décrivez la situation en leur parlant des symptômes de la personne, de ses comportements, de ses déficiences ainsi que de celles à venir. Procurez-vous les livres de référence mentionnés à la fin de ce chapitre, si vous désirez des renseignements additionnels sur la maladie.

❖ Informez-vous auprès de la Société Alzheimer de votre région,[30] ainsi qu'auprès de votre CLSC[31], de la possibilité qu'un professionnel puisse venir assister à cette rencontre, et expliquer davantage les aspects qui vous sont moins familiers. Sinon, il est possible que la famille puisse se déplacer pour le rencontrer à son bureau.

❖ Sortez une liste des tâches pour lesquelles vous aurez besoin d'aide (liste que vous aurez préalablement dressée rigoureusement). Par exemple : tondre le gazon, faire l'épicerie, couper les cheveux de la personne et lui donner un bain, laver les fenêtres, prendre charge des placements financiers...

❖ Inscrivez sur cette liste les tâches que vous assumerez, afin de sensibiliser les autres membres de la famille. Par exemple : aider la personne à s'habiller, à se laver, à manger, à se brosser les dents, lui faire penser et l'aider à aller à la toilette, faire le ménage... Cet exercice vous permettra, par la même occasion, de vous rendre compte de la nécessité de recourir à votre réseau familial pour vous aider.

❖ Sollicitez leur aide. Certains n'auront peut-être pas pensé vous l'offrir mais accepteront si vous leur en faites la demande.

––––––––––

30. Voir Liste des Sociétés Alzheimer
31. Voir Lexique

❖ Demandez-leur de choisir une tâche selon leurs intérêts et leur disponibilité. Par exemple, votre fille qui a deux enfants et un travail peut ne pas avoir beaucoup de temps à vous consacrer. Cependant, lorsqu'elle cuisine les repas pour sa famille, elle peut très certainement en préparer deux portions de plus. Ainsi, vous pourrez congeler la nourriture et vos repas seront déjà préparés, ce qui vous évitera du travail.

❖ Expliquez-leur l'importance de leur implication, autant pour vous que pour la personne atteinte de la maladie. Il est essentiel que cette dernière soit stimulée et qu'elle garde le contact avec son entourage. Aussi, plus elle verra les gens souvent, plus elle aura des chances de les reconnaître pendant une longue période.

❖ Informez-les de la pertinence d'effectuer leurs visites tour à tour, plutôt que tous ensemble. D'abord, cela vous permettra de voir des gens plus souvent, de vous changer les idées et de prendre un répit. Ensuite, il est plus facile pour la personne atteinte de participer aux conversations lorsque peu de gens sont présents. Il vaut mieux aussi qu'ils effectuent leurs visites souvent, et peu longtemps, plutôt que l'inverse.

## COMMENT AGIR FACE AUX RÉACTIONS DES PARENTS ET DES AMIS

❖ Comprenez le fait que certains membres de la famille nieront la maladie. Par exemple, ils pourront vous dire : « *Mais voyons, maman n'est pas malade ! On est allé au cinéma ensemble, ensuite nous avons parlé tout l'après-midi. Je trouve qu'elle est tout à fait comme avant.* » Par conséquent, ils ne seront pas aptes et disponibles à vous aider.

❖ Demandez de l'aide à d'autres membres de la famille, à des amis ou à des professionnels, comme des travailleurs sociaux ou des infirmières. Évitez de faire cette demande aux membres de la famille qui sont dans la période de négation de la maladie.

❖ Gardez-vous de vous fâcher contre ceux qui nient la maladie. Laissez-les croire, si telle est leur réaction, que la personne n'est pas malade. Ils finiront bien par se rendre compte que vous aviez raison.

❖ Conservez vos énergies pour ce qui en vaut la peine. Ainsi, ne tentez pas de convaincre les membres de la famille qui refusent de vous aider ou d'admettre le problème.

❖ Ne tenez pas compte des remarques des parents ou des amis quant à la façon adéquate (selon eux) de prendre soin de la personne. Concrètement, ils peuvent vous dire : « *Il peut bien avoir de la difficulté à s'exprimer, tu ne le laisses jamais finir ses phrases tout seul. Laisse-le faire un peu !* » Le fait de ne pas vivre quotidiennement avec la personne leur enlève toute possibilité de comprendre l'ampleur réelle de la maladie.

❖ Tentez de ne pas vous laisser atteindre par des paroles parfois blessantes, comme : « *Tu as toujours voulu te débarrasser d'elle. Maintenant tu lui inventes une maladie pour la placer dans un centre d'accueil!* » Ou, « *Voyons, papa n'est pas malade. Si tu es fatiguée ou ne te sens pas bien, tu devrais aller consulter un médecin* ».

❖ Souvenez-vous qu'étant la personne soignante principale, vous êtes la mieux placée pour savoir comment faire face aux situations.

❖ Acceptez l'aide des membres de la famille et ce, même si ce n'est pas tout à fait l'aide dont vous rêviez. Par exemple, votre fils peut vous offrir de faire l'épicerie, mais vous auriez préféré qu'il reste avec son père le temps d'y aller vous-même. Acceptez cet arrangement pendant quelque temps, puis faites-lui part de votre besoin réel. Si vous refusez son aide parce qu'elle ne vous convient pas, il est possible qu'il ne vous en propose plus par la suite.

❖ Attendez-vous à ce que de vieux conflits de famille (non résolus) ressurgissent. Par exemple, il arrive que des frères et sœurs se disent : « *Tu n'as qu'à y aller, toi, voir papa, de toute façon il t'a toujours aimé(e) plus que moi, tu le sais bien.* »

❖ Ne tentez pas de les protéger en leur cachant la maladie et votre épuisement. Il est essentiel que plusieurs personnes gravitent autour de vous afin de vous aider, et d'offrir les meilleurs soins possibles à la personne atteinte.

❖ Expliquez-leur, particulièrement aux amis, que la personne atteinte de la maladie se désintéresse des activités sociales à cause de sa difficulté à suivre les conversations, à participer aux activités et à échanger comme elle le faisait auparavant. Il est important que les amis ne se sentent pas rejetés de la personne sans en comprendre les véritables raisons.

❖ Offrez plutôt aux amis qui le désirent de venir à la maison. Prenez cependant le temps de les prévenir de la maladie et des éventuelles réactions de la personne.

❖ Parlez de vos sentiments avec vos amis si vous vous sentez à l'aise de le faire. Il est important pour vous de sentir leur soutien. Sinon, décrivez vos sentiments dans un journal de manière à pouvoir les exprimer.

## COMMENT EN PARLER AUX JEUNES ENFANTS

❖ Expliquez-leur la maladie dans un vocabulaire adapté à leur âge afin qu'ils puissent saisir que le parent ou le grand-parent en question est malade, ce que, de toute façon, ils ont probablement déjà compris de façon intuitive. Par exemple : « *Ton grand-père a une maladie. Ce n'est pas de sa faute s'il dit des choses étranges. Il ne s'en aperçoit pas. Mais ses sentiments ne sont pas malades. Alors il peut avoir de la peine, rire, et t'aimer comme avant.»*

❖ Rassurez-les en leur expliquant qu'ils ne sont pas responsables de la maladie, ni des comportements étranges de leur proche. Lorsqu'ils comprennent que la personne est malade, les enfants réagissent normalement mieux que les adultes, en ce sens qu'ils n'ont pas d'attentes particulières concernant un comportement «normal», et qu'ils assument bien le fait que la personne ne réagisse pas comme à son habitude.

❖ Répondez à leurs questions le plus clairement et le plus franchement possible. Toutefois, il n'est pas nécessaire de leur expliquer la gravité de la maladie lorsqu'ils vous demandent : « *Pourquoi grand-papa ne me reconnaît-il pas ?*» Répondez-leur simplement : « *Ton grand-père a une maladie qui lui fait oublier des choses. Il t'aime toujours mais il a oublié ton nom.*»

❖ Rassurez-les en leur disant que la personne ne va pas mourir s'ils vous posent la question. Comme les jeunes enfants ne sont pas en mesure de se projeter dans le temps, cette question signifie : «Est-ce qu'elle va mourir maintenant ?» Alors, vous ne leur mentez pas en leur répondant par la négative.

❖ Permettez-leur de jouer avec la personne atteinte sauf si, pour une raison particulière, les enfants énervent cette dernière. Habituellement, la communication s'établit assez facilement avec eux, puisque la communication non verbale prend plus d'importance. Les difficultés du langage et de la compréhension sont minimisées et comblées par le fait que les enfants utilisent beaucoup les gestes pour s'exprimer étant donné leur vocabulaire limité.

❖ Évitez de confier un enfant à la garde de la personne atteinte de la maladie d'Alzheimer. Il est possible qu'elle puisse jouer avec l'enfant en attendant votre retour et que tout se déroule parfaitement. Cependant, comme la maladie affecte le jugement, s'il arrivait un événement où la personne doive réagir rapidement, il est possible qu'elle ne le fasse pas et qu'un malheureux accident survienne.

## COMMENT EN PARLER AUX ADOLESCENTS

❖ Répondez à leurs questions au meilleur de vos connaissances. La plupart du temps, les adolescents posent des questions concrètes du genre : « *Est-ce que grand-maman sait qu'elle est malade ?* » Ou, « *Comment dois-je lui parler ?* ».

❖ Rassurez-les en leur disant que le parent (ou le grand-parent) les aime autant qu'avant, mais que la maladie ne lui permet plus de l'exprimer de la même façon.

❖ Encouragez-les à faire des lectures sur la maladie s'ils semblent intéressés à en savoir davantage.

❖ Faites-leur sentir que leur présence auprès de la personne est importante, sans toutefois leur laisser entendre qu'elle est obligatoire. Sans quoi ils se sentiront obligés de visiter la personne et cela brisera la spontanéité de ces rencontres. ❖

## SUGGESTIONS DE LECTURES

❖ *La maladie d'Alzheimer au quotidien*
par H. Aupetit (1991) aux Éditions Odile Jacob (Paris).

❖ *Alzheimer : Le long crépuscule*
par D. Cohen et C. Eisdorfer (1989) aux Éditions de l'Homme (Montréal).

❖ *L'Alzheimer : Vivre avec l'espoir*
par R. Major Lapierre (1988) aux Éditions Québécor (Montréal).

# CHAPITRE

# Repas

S'alimenter, en plus de satisfaire un besoin fondamental de l'organisme, constitue une activité sociale appréciable, compte tenu qu'il s'agit d'une activité qui est souvent faite en compagnie d'autres personnes.

Toutefois, la maladie d'Alzheimer vient bouleverser ce moment. Non pas parce que l'alimentation de la personne atteinte se modifie ou requière une diète spécifique, mais parce que ses déficiences exigent qu'on y accorde une attention particulière.

Dans un premier temps, la personne oublie de s'alimenter et éprouve des difficultés à entreprendre la préparation d'un repas. Ensuite, elle ne sait plus la manière adéquate de se nourrir, ni dans quel ordre manger les aliments. Enfin, elle n'est plus en mesure de distinguer les aliments sains de ceux qui sont périmés ou trop chauds.

De nombreux problèmes surviennent à cause des déficits cognitifs[32] et physiques de la personne. Entre autres, l'incapacité à reconnaître les ustensiles et leur utilité, c'est-à-dire l'agnosie[33] (voir à ce sujet le chapitre

32. Voir Lexique
33. Voir Lexique

Désorientation), et la difficulté de les manipuler, nommée l'apraxie[34] (voir à ce propos le chapitre Motricité). En somme, la personne nécessitera de plus en plus d'aide pour s'alimenter.

Ce chapitre vise particulièrement à fournir des conseils, tout en exposant les raisons pour lesquelles la personne atteinte de la maladie d'Alzheimer s'alimente trop ou trop peu. Parmi ces raisons, on retrouve la perte d'appétit, la difficulté à mâcher et à avaler, ainsi que certains problèmes physiques et d'agitation.

Lorsque la maladie progresse, la personne en arrive à ne plus pouvoir s'alimenter seule. Ce chapitre énonce quelques façons de faire face à ce problème à la maison.

## LORSQUE LA PERSONNE S'ALIMENTE TRÈS PEU

### ■ LES DÉFICITS COGNITIFS

❖ Offrez-lui à manger sans nécessairement attendre qu'elle vous dise qu'elle a faim. Il est effectivement possible qu'elle ne reconnaisse pas la sensation de la faim, ou que le message demande un certain temps avant d'être décodé par le cerveau.

❖ Rappelez-lui de manger si elle est préoccupée par une activité et qu'elle oublie de se nourrir.

❖ Décrivez le repas lorsque vous le servez. Par exemple, vous pourriez dire : « *Du poulet comme tu l'aimes avec des pommes de terre en purée.* »

---

34. Voir Lexique

❖ Vérifiez la température de la nourriture avant de la lui servir. La personne peut ne plus être en mesure d'en juger et ainsi se brûler.

❖ Servez-vous d'assiettes de couleurs différentes de celles des napperons ou de la nappe. Il sera ainsi plus facile pour la personne de les distinguer.

❖ Préparez-lui la nourriture qu'elle avait l'habitude de manger en gardant, dans la mesure du possible, les mêmes recettes afin qu'elle en reconnaisse le goût. De plus, cela contribuera à maintenir une routine.

## ■ L'AGITATION

❖ Coordonnez la prise de calmants avec les heures de repas si elle est trop agitée pour manger. Parlez-en toutefois, avec son médecin avant de modifier quoi que ce soit en rapport avec la médication.

❖ Ne la forcez pas à rester assise pour manger si elle refuse. Laissez plutôt de la nourriture sur la table, comme des biscuits ou des fruits, qu'elle pourra manger lorsqu'elle aura faim.

❖ Diminuez le nombre d'invités si vous constatez qu'elle est agitée et qu'elle mange peu lorsque plusieurs personnes sont présentes.

❖ Mettez de la musique de relaxation afin de rendre la période des repas plus calme et plus agréable.

## ■ LA DIFFICULTÉ À MÂCHER

❖ Offrez-lui de la nourriture à consistance molle mais nourrissante si elle éprouve de la difficulté à mâcher.

Parmi ces aliments, vous trouverez des bananes, du beurre d'arachide, des pommes de terre en purée, des avocats, de la compote de pommes, etc.

❖ Évitez de lui offrir des aliments difficiles à mâcher et à avaler, comme les noix ou le maïs soufflé.

❖ Vérifiez que ses prothèses dentaires (dentiers) soient en bon état et bien ajustées. Il arrive qu'en perdant du poids, celles-ci deviennent trop grandes et que mâcher lui soit difficile.

❖ Assurez-vous que les muscles de sa mâchoire et de sa gorge fonctionnent bien. Consultez son médecin si elle semble éprouver de la douleur lorsque vous lui touchez la mâchoire.

❖ Exercez une délicate pression sous son menton si elle oublie de mâcher la nourriture qu'elle a dans la bouche. Dites-le lui verbalement : « *Mâche la nourriture. Maintenant avale.* »

❖ Montrez-lui comment mâcher si elle ne semble pas comprendre votre consigne verbale et ce, en mâchant vous-même un morceau de nourriture.

## ■ LA DIFFICULTÉ À AVALER

❖ Vérifiez que la difficulté à avaler ne soit pas due à une sécheresse de la bouche, causée notamment par certains médicaments.

❖ Conservez les liquides à la température ambiante ; ils seront ainsi plus faciles à ingurgiter que s'ils sont froids.

❖ Offrez-lui les liquides dans un verre, accompagné d'une paille, s'il lui est plus facile de les boire ainsi. Les bouillons, thés, cafés ou autres liquides chauds peuvent aussi être servis de cette façon. Assurez-vous cependant que la température des liquides ne soit pas trop élevée.

❖ Préparez-lui des jus ou des breuvages épais si elle s'étouffe en avalant les liquides. Par exemple, des jus d'abricot, du lait de poule, du lait frappé ou des céréales chaudes, comme du gruau ou de la crème de blé.

❖ Rassurez-la si elle refuse de manger par peur de s'étouffer. Vous pouvez lui dire : « *Ne t'inquiète pas. On va manger lentement. La nourriture est facile à avaler.* »

❖ Encouragez-la à manger lentement si elle a tendance à s'étouffer. Une bonne façon consiste à lui servir les mets un à un, d'en mettre peu dans l'assiette, puis de servir à nouveau (si nécessaire).

❖ Versez de la sauce (soit aux œufs, brune ou celle qu'elle préfère) sur les aliments pour les rendre plus faciles à avaler, notamment sur la viande.

## ■ L'INCONFORT OU LES PROBLÈMES PHYSIQUES

❖ Assurez-vous que le refus de manger ne soit pas lié à une constipation. En effet, le gonflement qu'elle ressentirait au niveau du ventre pourrait l'empêcher de manger.

❖ Veillez à ce que le refus de manger n'ait pas pour origine une dépression, de l'anémie ou quelque autre maladie. Si vous croyez que c'est le cas, consultez son médecin le plus tôt possible.

## ◼ LES FACTEURS ENVIRONNEMENTAUX

❖ Diminuez les distractions si ces dernières l'empêchent de manger. Par exemple, elle peut être attirée par ce qui se trouve sur la table et jouer avec la salière ou les napperons. Dans ce cas, ne mettez que les ustensiles et les plats nécessaires.

❖ Prévoyez suffisamment de temps pour manger. Si elle se sent bousculée, il est probable qu'elle ne soit pas en mesure de bien saisir les étapes à exécuter, qu'elle devienne agitée ou qu'elle vous dise ne pas avoir faim.

❖ Conservez une routine aux heures des repas, comme la place qu'elle occupe à table et les rituels que vous utilisez en mangeant. Par exemple, si elle a l'habitude de dîner après une émission de télévision, de prendre le café et le dessert au salon ou de manger dehors sur la terrasse.

## ◼ LA COMPLEXITÉ

❖ N'utilisez que le minimum de vaisselle. Par exemple, il est préférable de lui verser une moitié de tasse de café pour éviter qu'elle ne la renverse, plutôt que de lui servir une tasse pleine avec une soucoupe. Elle pourrait confondre cette dernière avec les assiettes ou ne pas savoir quoi en faire.

❖ Offrez-lui un plat à la fois avec l'ustensile approprié. Par exemple, commencez par lui donner la soupe avec la cuillère. En conséquence, elle n'aura pas à devoir déterminer de quel ustensile elle a besoin. Sinon, elle risque de tenter de manger sa soupe avec la fourchette et le couteau, et de se fâcher parce qu'elle n'y arrive pas.

❖ Montrez-lui comment se servir de ses ustensiles si elle semble refuser de manger parce qu'elle n'arrive pas à les manipuler convenablement (voir aussi le chapitre Motricité pour la manipulation des ustensiles).

❖ Donnez-lui des instructions très claires lorsque vous lui indiquez comment manger (voir le chapitre Communication pour plus de renseignements sur la façon de lui parler).

❖ Assurez-vous que les étapes soient simples et exemptes de tout message abstrait. Par exemple, évitez de lui dire «*Mange toute ton assiette*», puisqu'elle pourrait ne pas comprendre que vous voulez lui dire de manger «tout le contenu» de l'assiette, et non celle-ci.

## ■ LA PERTE D'APPÉTIT

❖ Tentez de lui faire retrouver son appétit en lui préparant des plats appétissants, dont l'odeur et les couleurs stimuleront ses sens.

❖ Utilisez des épices afin de rehausser la saveur. Toutefois, épicez pendant la cuisson afin d'éviter qu'elle ne le fasse de façon inadéquate.

❖ Mélangez un peu de crème glacée ou de pudding aux aliments si vous croyez que cela l'aidera à manger un peu plus.

❖ Offrez-lui un verre de jus de fruits, d'alcool ou de vin pour stimuler son appétit. Ceci, dans la mesure où il n'y a pas de contre-indication de la part de son médecin et que l'alcool ne la rende pas trop confuse. Vous pouvez couper l'alcool avec de l'eau si elle a tendance à en boire démesurément.

❖ Assurez-vous qu'elle fasse suffisamment d'exercice dans la journée pour stimuler son appétit (voir à ce propos le chapitre Loisirs).

❖ Allez faire une promenade avec elle si elle n'a pas faim avant un repas. Il est probable que l'air et l'exercice physique lui creuseront l'appétit.

❖ Considérez le fait qu'une perte d'appétit peut être causée par un cycle de sommeil/éveil inversé. Concrètement, lorsqu'elle dort très peu la nuit et beaucoup le jour, elle peut ne pas avoir très faim à l'heure du souper si elle a dormi tout l'après-midi (voir le chapitre Nuit, pour des informations concernant le cycle du sommeil).

❖ Vérifiez si le manque d'appétit n'est pas plutôt causé par une maladie chronique telle que le diabète, ou une maladie qui l'affaiblit comme une pneumonie.

❖ Tentez de savoir, en le lui demandant ou en vous informant auprès de son médecin ou du pharmacien, si les médicaments qu'elle prend lui laissent un goût désagréable dans la bouche qui pourrait lui couper l'appétit.

❖ Consultez son médecin si la personne a une perte de poids significative, soit d'une livre (454 grammes) par semaine pendant plusieurs semaines. Faites de même si vous croyez que son refus de s'alimenter est causé par une dépression ou une maladie physique. Demandez-lui, par la même occasion, s'il est approprié de lui donner des suppléments alimentaires ou vitaminiques.

❖ Profitez des moments où elle a beaucoup d'appétit pour lui offrir le repas principal. Si elle a très faim le matin, préparez-lui, par exemple, des œufs avec du jambon et du pain. Ainsi, si elle ne s'alimente que très peu au repas suivant, elle aura tout de même mangé suffisamment dans l'ensemble de la journée.

❖ Laissez-la sauter un repas lorsqu'elle refuse catégoriquement de s'alimenter. Dans la mesure où les autres repas de la journée sont consistants et qu'elle ne maigrit pas, cette situation n'est pas dramatique.

❖ Considérez qu'il peut être normal qu'elle ait moins d'appétit si elle dépense moins d'énergie.

## LORSQUE LA PERSONNE S'ALIMENTE EN TROP GRANDE QUANTITÉ

❖ Rappelez-lui doucement qu'elle vient de manger si elle demande un autre repas à peine une heure, ou même quelques minutes, après en avoir terminé un premier.

❖ Permettez-lui de manger quatre ou cinq petits repas par jour si elle insiste pour manger souvent.

❖ Donnez-lui par contre de petits repas contenant des aliments à teneur faible en calories, si elle prend trop de poids. Parmi ces aliments, on retrouve les fruits et les légumes en général, particulièrement les carottes, le céleri ou les choux-fleurs.

❖ Cachez la nourriture que vous avez l'habitude de laisser à la vue, par exemple un plat de fruits ou de biscuits sur la table.

❖ Encouragez-la à faire de l'activité physique si elle mange beaucoup et bouge peu (pour des exemples concrets d'activités physiques, consultez le chapitre Loisirs).

❖ Verrouillez le réfrigérateur si la personne mange constamment et que son état de santé est en jeu, par exemple si elle est diabétique, obèse ou si elle doit suivre un régime particulier.

❖ Vérifiez qu'elle ne cache pas de nourriture dans la boîte de papiers mouchoirs, sous le lit ou sous l'oreiller, dans ses tiroirs ou dans ses poches. Il est fréquent que cette situation se produise et elle provient, semble-t-il, d'une insécurité. Le danger est le risque qu'elle mange des aliments périmés.

## LES REPAS AU RESTAURANT

❖ Suggérez-lui de prendre un repas que vous savez qu'elle aime si elle n'est pas en mesure de bien lire et de comprendre le menu. Par exemple : « *Veux-tu manger une salade aux œufs ?*» De plus, cela devrait la soulager de ne pas avoir à faire de choix.

❖ Choisissez un restaurant à service rapide si elle ne peut rester assise pendant très longtemps, et si elle s'impatiente de ne pas être servie rapidement.

❖ Évitez les restaurants bruyants avec, entre autres, de la musique trop forte qui rendrait la communication difficile.

❖ Demandez un coin isolé si le comportement de la personne vous gêne à table ou attire le regard des autres clients. Cependant, il faudra vous habituer à croiser le regard des autres sur vous et préférer cela à garder la personne «cachée» dans la maison.

❖ Allez toujours au même restaurant, de sorte que la personne atteinte s'habitue à l'environnement. De plus, le personnel pourra la reconnaître et tenir compte du fait qu'elle est atteinte de la maladie d'Alzheimer, si vous l'en informez.

## LORSQUE VOUS DEVEZ L'ALIMENTER

❖ Offrez-lui la possibilité de manger normalement le plus longtemps possible et ce, même si elle doit s'alimenter en purée. Évitez de mélanger tous les aliments et ainsi de créer un plat dont le goût serait homogène, et d'apparence pas très invitante. Donnez-lui une bouchée de purée de pommes de terre, ensuite une autre d'un légume vert ou de viande, et elle pourra ainsi goûter la différence.

❖ Évitez la nourriture pour enfants lorsqu'elle n'arrive plus à s'alimenter normalement. Il est préférable de lui donner la même nourriture qu'auparavant, que vous aurez préalablement passée au mélangeur. Celle-ci contient plus de calories, et est plus consistante que la nourriture pour bébés.

❖ Vérifiez si la personne est assise dans une position confortable pour manger. Assoyez-la sur une chaise gériatrique si elle ne se tient pas suffisamment droite sur une chaise habituelle.

❖ Mettez-lui un tablier afin qu'elle ne salisse pas ses vêtements. Il est préférable de lui faire porter un tablier de cuisinier, plutôt qu'une bavette d'enfant.

❖ Demandez-lui de dire «AAAH» si elle n'ouvre pas la bouche lorsque vous lui présentez la cuillère.

❖ Déposez un peu de nourriture sur ses lèvres, afin de l'inciter à se lécher les lèvres et à manger un peu.

❖ Rappelez-lui qu'elle doit avaler, à chaque bouchée, si elle ne le fait pas.

❖ Passez votre doigt le long de sa gorge si elle n'avale pas.

❖ Regardez de temps à autre si elle a bien ingurgité toute la nourriture, en lui demandant d'ouvrir la bouche.

❖ Laissez-lui suffisamment de temps entre chacune des bouchées afin qu'elle ne se sente pas bousculée et qu'elle ne s'étouffe pas.

❖ Assurez-vous de l'hygiène de sa bouche. Pour plus de renseignements à ce sujet, consultez le chapitre Bain.

Lorsque vous cuisinez, préparez une plus grande quantité que nécessaire. De cette façon, vous pourrez en congeler une partie, et vous pourrez servir ce repas quand vous serez trop fatiguée (ou pressée) pour cuisiner.

Des services de «popotes-roulantes»[35] sont aussi disponibles afin de vous permettre de ne pas cuisiner tous les jours, et de prendre ainsi un peu de répit. Consultez la Société Alzheimer de votre région[36] ou encore votre CLSC[37] pour de plus amples renseignements sur ces services. ❖

---

35. Voir Lexique
36. Voir Liste des Sociétés Alzheimer
37. Voir Lexique

# CHAPITRE

# **S**EXUALITÉ

*C*e chapitre aborde un sujet délicat, il est difficile d'en discuter avec des amis, et encore plus avec ses enfants, compte tenu des préjugés et des tabous qui y sont associés. Toutefois, vous qui avez la charge de votre conjoint atteint d'une maladie dégénérative, vous savez à quel point la sexualité est un des nombreux aspects qui bouleversent les relations du couple.

En effet, il s'avère difficile d'échanger sur le plan sexuel lorsque la communication dans le couple est limitée à « *Passe ton bras dans la manche. Maintenant l'autre bras...* » Cette situation peut être perçue comme une relation d'autorité, l'un étant dépendant de l'autre, et ainsi ne pas être propice à un échange sexuel agréable et enrichissant. Il est alors fréquent et naturel de ne plus éprouver le même désir à l'égard de la personne atteinte.

Généralement, la maladie d'Alzheimer entraîne aussi, chez la personne atteinte, un désintéressement à toute activité sexuelle. Cette situation est difficile à gérer pour les couples qui avaient une vie sexuelle active avant l'apparition de la maladie, ou encore lorsqu'un seul des deux partenaires désire maintenir une vie sexuelle active.

Chez certaines personnes atteintes, l'inhibition disparaît avec la capacité de juger du moment approprié pour exprimer son désir ; il arrive ainsi que certains comportements inadéquats soient perçus comme sexuels sans l'être vraiment. Il est essentiel d'en identifier les causes pour pouvoir les prévenir lorsque cela est possible.

Ce chapitre a pour objet de donner des conseils sur la façon de gérer le désintéressement face à la sexualité ou aux comportements inadéquats et ce, sans égard au fait que vous ayiez eu ou non une sexualité active avant la maladie. Il vous appartiendra donc de choisir : tenter de stimuler ou de limiter le désir de votre partenaire. Des conseils seront proposés pour vivre des moments d'intimité malgré les circonstances, si vous en éprouvez le besoin.

## LORSQUE LA PERSONNE NE S'INTÉRESSE PLUS À LA SEXUALITÉ

### ■ EN IDENTIFIER LA CAUSE

❖ Consultez un médecin afin de vous assurer que son désintéressement ne soit pas causé par un problème physique comme une infection urinaire, vaginale ou autre. Ou encore, par les médicaments, qui la rendraient amorphe et sans énergie.

❖ Tenez compte du fait que la personne puisse être consciente de ses déficiences et qu'en conséquence, elle peut se sentir trop dévalorisée pour accepter une activité sexuelle. Aussi, elle peut présenter des symptômes d'une dépression qui amenuiserait son désir.

## ■ RAVIVER LE DÉSIR

❖ Tenez compte du fait qu'elle puisse refuser une activité sexuelle par peur de ne pas réussir ou de ne pas savoir comment s'y prendre. Pour y remédier, commencez par lui demander, par exemple, de vous caresser le dos. Ainsi, elle comprendra peut-être plus facilement quelles sont vos attentes. Il est important qu'elle se sente en confiance.

❖ Tentez de voir à quel endroit la personne est la plus sensible à vos caresses. Il est possible qu'elle n'ait plus la même sensibilité ou qu'elle ne perçoive plus les caresses de la même façon qu'autrefois. En effet, il peut arriver qu'une caresse la fasse éclater de rire.

❖ Invitez-la à répondre à vos caresses. Il est possible qu'elle les apprécie, sans toutefois savoir où vous voulez en arriver.

❖ Guidez-la lorsqu'elle ne semble pas comprendre de quelle façon répondre à vos caresses. Par exemple, si vous l'embrassez et qu'elle demeure les bras le long du corps, prenez-les lui et enlacez les autour de votre taille. Il est possible qu'elle puisse mieux comprendre.

❖ Tenez compte du fait que la personne puisse apprécier encore la tendresse, sans vouloir poursuivre jusqu'à faire l'amour. Ainsi, échangez des baisers, prenez votre bain ensemble, faites-vous des massages.

❖ Ne vous impatientez pas si ses réactions sont lentes ou si elles ne sont pas tout à fait celles auxquelles vous vous attendiez.

❖ Tentez d'avoir des moments d'intimité avec elle, moments autres que ceux offerts lors du bain ou de l'habillage, et où la relation sera plus égalitaire. Par exemple, faites des siestes ensemble dans la journée, ou écoutez de la musique assis l'un près de l'autre.

## ■ POUR UN HOMME

❖ Considérez le fait qu'il puisse vouloir une relation sexuelle, tout en étant incapable d'avoir une érection. Cette situation peut être frustrante, comme c'est d'ailleurs le cas pour n'importe quel homme en santé. Si la personne est consciente de l'ampleur de ses déficits, par conséquent des échecs qui les accompagnent, ce nouvel échec ne fera qu'augmenter la frustration. Soyez donc compréhensive.

## LORSQUE LA PERSONNE S'Y INTÉRESSE DE FAÇON INADÉQUATE

❖ Établissez les avances de la personne si elles sont persistantes, inappropriées ou si vous n'en avez pas envie. Pour ce faire, vous pourrez utilisez votre sens de l'humour pour en rire et changer de sujet. Par exemple, « *Heureusement que je ne suis plus fertile parce qu'on en aurait des enfants! En parlant des enfants, sais-tu ce qui est arrivé à notre fille Andrée...*». En portant son attention sur autre chose, il y a des chances qu'elle ne se souvienne plus de sa demande.

❖ Établissez vos limites si ses demandes sont inopportunes. Vous pourrez lui dire fermement : « *Ce n'est pas le moment. On verra ce soir.* » Probablement qu'elle aura oublié le soir venu.

❖ Enlevez doucement ses mains si elle vous fait des attouchements dans un lieu inapproprié, comme par exemple dans un magasin. Étant donné qu'elle peut être désorientée et ne pas se rendre compte qu'elle se trouve dans un endroit public, n'interprétez pas cela comme une déviance.

❖ Prenez-la par la main et amenez-la ailleurs si elle fait des avances ou des attouchements à quelqu'un d'autre. Comme elle peut ne pas reconnaître les gens, il est possible qu'elle se soit trompée de personne (voir à ce sujet le chapitre Désorientation). Dans ce cas aussi, ne percevez pas cela comme une déviance ou de l'inceste si elle fait des avances à ses enfants. Ces comportements sont aussi causés par le fait qu'elle ne fait plus la différence entre ce qui est socialement acceptable et ce qui ne l'est pas.

❖ Tenez compte que ses comportements à connotation sexuelle peuvent simplement exprimer un besoin d'affection et de tendresse, sans nécessairement être une demande de relation sexuelle complète.

❖ Rassurez-la sur vos sentiments envers elle si elle vous accuse faussement (ou non) d'infidélité. Dites-lui que vous l'aimez, que vous êtes là, près d'elle, et de ne pas s'inquiéter. Elle interprète probablement mal une situation et elle a sans doute besoin d'être rassurée. Évitez donc de la contrarier et essayez de changer de sujet de conversation.

❖ Conduisez-la doucement dans sa chambre ou à la toilette lorsqu'elle essaye de se masturber dans un endroit inadéquat. Ce comportement n'est pas malsain ; il n'est donc pas nécessaire de le lui interdire. Cependant, comme elle a perdu le sens de ce qui est approprié, elle peut ne pas être en mesure de bien juger du moment ou de l'endroit pour le faire.

❖ Tentez de voir quels événements ont précédé les demandes sexuelles inadéquates ou la masturbation. Vous arriverez peut-être à établir un lien avec, par exemple, un sujet de conversation spécifique ou la présence d'une personne en particulier.

❖ Vérifiez qu'elle n'ait pas de rougeurs aux organes génitaux si elle y pose souvent les mains. Ce qui peut-être perçu comme de la masturbation peut aussi être une démangeaison qu'elle ne peut vous exprimer autrement.

❖ N'interprétez pas le fait qu'elle se déshabille en public comme un besoin sexuel. Elle peut simplement avoir besoin d'uriner, avoir chaud, ressentir une douleur quelque part, ou vouloir retirer ses vêtements pour aller dormir. Tentez donc de savoir quelle est la cause de ce comportement.

❖ Achetez-lui des chandails qui s'attachent dans le dos si elle détache constamment ses boutons ; ou des bretelles à ses pantalons si elle tente de les baisser. Ainsi, il est possible que ces gestes cessent par le fait d'opposer un obstacle à leur exécution.

## RÉSERVEZ-VOUS DES MOMENTS D'INTIMITÉ

❖ Soyez consciente du fait que vous avez aussi des besoins sexuels et que vous pouvez être frustrée de ne pas pouvoir les assouvir.

❖ Rencontrez des gens, sans être accompagnée de la personne atteinte, si cela vous est agréable d'être en leur compagnie.

❖ N'hésitez pas à vous faire de nouveaux amis sous prétexte que vous êtes mariée. Lorsque la personne aura atteint un stade avancé de la maladie ou demeurera en centre d'hébergement, il sera essentiel pour votre équilibre de pouvoir converser et échanger avec quelqu'un avec qui vous pourrez avoir une relation égalitaire.

❖ Ne vous culpabilisez pas de vous sentir bien en compagnie d'autres personnes. Cela ne vous empêche pas d'aimer votre conjoint atteint de la maladie et d'en prendre soin, quel que soit le type de relation que vous entretenez avec d'autres personnes.

❖ Allez vous faire donner des massages par des professionnels afin de relaxer ; ce contact avec votre corps est essentiel et n'a rien de malsain. ❖

# CHAPITRE

# V

# VÊTEMENTS

Se vêtir est un besoin fondamental qui comporte des étapes complexes, voire impossibles à franchir pour une personne atteinte de la maladie d'Alzheimer.

D'abord, la personne n'admet plus la pertinence et l'intérêt de s'habiller ou oublie simplement de le faire.

Ensuite, la maladie entraîne une difficulté à faire un choix parmi les vêtements disponibles et à juger lequel porter en fonction de la saison, du moment ou de l'événement.

De plus, la capacité d'exécuter une action en suivant la séquence logique des étapes nécessaires est affectée. Ainsi, la personne n'arrive plus à savoir quel vêtement elle doit enfiler le premier et de quelle façon le faire.

Comme la motricité et la coordination des mouvements sont atteintes, la personne éprouve aussi de la difficulté à manipuler les boutons, les fermetures éclair et à nouer ses lacets.

Elle a donc besoin qu'on lui fasse penser de s'habiller, qu'on la guide et qu'on l'aide à le faire lorsqu'elle n'y arrive pas.

L'habillage comporte aussi un aspect d'intimité qu'il est parfois difficile de transgresser. En effet, la personne peut ne pas être en mesure de s'habiller seule et l'orgueil peut lui faire refuser votre aide. C'est pourquoi il est primordial d'être respectueuse de la pudeur de la personne atteinte, tout comme au moment du bain.

Elle peut de plus se sentir humiliée de ne plus être capable de s'habiller seule. Dans ce cas, évitez de rendre ce moment plus difficile qu'il ne l'est déjà en lui reprochant, par exemple, son manque de jugement ou de dextérité[38].

Finalement, il est essentiel de conserver la routine qu'elle observait pour son habillage, spécifiquement en ce qui a trait au moment qu'elle préférait, par exemple après le déjeuner.

## LORSQUE LA PERSONNE S'HABILLE SEULE OU AVEC VOTRE AIDE

### ■ L'INCONFORT PHYSIQUE

❖ Tentez de savoir pourquoi elle met plusieurs vêtements un par-dessus l'autre. Il est possible qu'elle ne connaisse plus l'usage de chacun d'eux; qu'elle ait oublié s'être habillée et le refasse une deuxième fois; il est aussi possible qu'elle ait froid.

❖ Vérifiez si elle semble avoir froid ou chaud. Il est possible qu'elle ne fasse pas le lien entre la sensation de froid ou de chaleur qu'elle ressent et le manque ou le surplus de vêtements.

---

38. Voir Lexique

❖ Achetez-lui des combinaisons qu'elle pourra mettre sous ses vêtements si elle a froid.

❖ Demandez-lui si elle a envie d'uriner lorsqu'elle se déshabille sans raison apparente. Il est possible, en effet, qu'elle ne puisse pas exprimer verbalement et clairement ce besoin.

❖ Assurez-vous que le refus de s'habiller ne soit pas lié à une dépression. De nombreuses personnes atteintes de la maladie d'Alzheimer font effectivement des dépressions. Il peut s'agir de fatigue, ou d'épuisement, ou d'une douleur quelconque. Si c'est le cas, consultez son médecin afin de prendre connaissance du meilleur traitement dans les circonstances.

## ■ LES PROBLÈMES DE MÉMOIRE

❖ Prenez l'initiative de l'habillage si elle ne s'habille pas. Il est possible qu'elle ait simplement oublié de le faire. Vous pouvez donc lui proposer : «*Je monte m'habiller. Tu viens avec moi ?*»

❖ Rangez les vêtements toujours de la même façon et au même endroit, si c'est elle qui choisi ses vêtements, de manière à lui éviter la confusion et à lui faciliter la tâche.

❖ Identifiez le contenu des tiroirs si elle cherche constamment ses vêtements. Par exemple, indiquez «sous-vêtements» ou «chandails» sur le tiroir correspondant. Si la compréhension du langage écrit est difficile, faites des dessins.

❖ Souvenez-vous qu'elle a une capacité de concentration et une mémoire immédiate limitées. Ainsi, il est possible qu'elle oublie, en s'habillant, qu'elle doit s'habiller et qu'elle commence à se déshabiller. Dans ce cas, indiquez-lui quoi faire, étape par étape, sans faire de trop longues pauses et sans lui parler d'autre chose au même moment.

## ■ LA DIFFICULTÉ D'EFFECTUER UN CHOIX

❖ Encouragez-la à choisir elle-même ses vêtements en limitant les choix à faire. Par exemple, rangez les vêtements hors saison et profitez-en pour faire un tri dans les vêtements restants. Débarrassez-vous de ceux qu'elle ne met plus depuis longtemps, ou qui ne sont plus à sa taille. Ainsi, ayant moins de vêtements à sa disponibilité, il lui sera plus facile de choisir.

❖ Placez des ensembles complets (pantalon, chemise, sous-vêtements) sur des cintres de manière à ce qu'elle n'ait qu'un cintre à prendre pour obtenir tous les vêtements. Ceci doit être effectué lorsque vous voyez qu'elle a de la difficulté à agencer convenablement ses vêtements.

❖ Installez les ceintures, les foulards ou tout autre accessoire sur le même cintre que l'ensemble avec lequel elle doit les agencer. Cela lui évitera d'avoir à choisir ces accessoires et lui simplifiera grandement la tâche.

❖ Offrez-lui le choix entre porter telle blouse ou telle autre en les lui montrant. Par exemple, sortez deux blouses et demandez-lui : « *Veux-tu porter ta blouse blanche ou la verte ?* »

❖ Conseillez-la si elle n'est plus en mesure de choisir ses vêtements, même lorsque le choix est simplifié. Par exemple : « *Tu devrais mettre cette chemise aujourd'hui. Elle te va si bien.* »

❖ Préparez-lui ses vêtements à l'avance si elle ne peut plus les choisir ou préfère que vous le fassiez pour elle.

## ■ LES FACTEURS ENVIRONNEMENTAUX

❖ Assurez-vous que la température de la pièce soit confortable. Il est en effet possible qu'elle refuse de se dévêtir ou de se vêtir parce qu'elle a trop chaud ou trop froid.

❖ Éliminez les distractions (téléviseur ou radio) qui pourraient la faire cesser de s'habiller. Les conversations qu'elle entendrait à la télévision pourraient lui donner l'impression qu'il y a des gens dans la maison, et l'amener à ne pas vouloir se dévêtir en leur présence.

❖ Assurez-vous qu'elle ne soit pas effrayée (ou gênée) par quelque chose de particulier lorsqu'elle refuse de s'habiller. Par exemple, elle peut voir l'ombre d'un arbre à sa fenêtre et croire que quelqu'un l'observe.

❖ Assurez-vous que la lumière de la penderie soit de la même intensité que celle de la chambre. De cette façon, elle y distinguera bien ses vêtements, et la différence de luminosité ne la surprendra pas.

❖ Respectez sa pudeur en fermant la porte de la salle de bain (ou de sa chambre), et en tirant les rideaux lorsqu'elle se déshabille. Tenez compte du fait qu'elle peut se sentir humiliée de devoir se changer devant quelqu'un d'autre, même si vous êtes sa conjointe.

## ■ LES DIRECTIVES TROP COMPLEXES

❖ Procurez-lui des chandails ou des jupes qu'elle peut mettre dans un sens comme dans l'autre, c'est-à-dire le devant à l'arrière et vice-versa.

❖ Choisissez-lui des bas tubes qui n'ont pas de talon afin de lui faciliter la tâche lorsqu'elle les enfile.

❖ Évitez cependant ces bas, s'ils ne correspondent pas à l'image qu'elle en avait depuis son enfance.

❖ Démontrez-lui visuellement votre demande. En termes concrets, dites-lui : « *Viens t'habiller* » en lui montrant la robe ou le pantalon qu'elle doit mettre. Il est possible que « s'habiller » ne lui dise rien. Par contre, en voyant les vêtements, elle pourra plus facilement comprendre ce que vous voulez qu'elle fasse.

❖ Étendez les vêtements sur le lit en respectant l'ordre dans lequel elle devra les enfiler.

❖ Donnez-lui les vêtements l'un après l'autre si elle n'arrive pas à les enfiler dans le bon ordre. Par exemple, donnez-lui sa petite culotte, sa camisole, ensuite un bas, etc. Attendez qu'elle ait bien terminé d'enfiler le premier vêtement avant de lui remettre le second.

❖ Inscrivez sur la porte de la penderie de sa chambre (ou ailleurs) la séquence qu'elle doit suivre pour mettre ses vêtements. Par exemple :

> Petite culotte
> Camisole
> Bas
> Pantalon
> Chemise

Ceci, bien sûr, si elle est en mesure de décoder le langage écrit. Sinon, vous pouvez lui faire des dessins ou coller des images.

❖ Expliquez-lui quoi faire clairement et simplement. Lui dire : « *Mets ton chandail* » serait sans doute trop complexe. Donnez-lui plutôt la consigne suivante : « *Enfile ça par-dessus ta tête. Passe ton bras dans la manche. D'accord, l'autre bras...* » Il est important que chacune des étapes soit bien comprise.

❖ Montrez-lui comment elle doit mettre le vêtement si elle ne semble pas savoir quoi en faire lorsque vous le lui aurez remis ou que vous lui aurez indiqué les étapes à suivre. Par exemple, enfilez-lui son chandail par-dessus la tête. Il est probable qu'ensuite elle comprendra et enfilera les bras. Sinon, enfilez-les lui. Toutefois, prenez garde de ne pas trop précipiter les choses. Laissez-lui le temps de comprendre et de réagir.

❖ Aidez-la à distinguer si ses vêtements sont dans le bon sens en le lui indiquant verbalement. Certaines personnes pourront décoder les messages, tels qu'un «X» ou «derrière», cousus à l'intérieur du vêtement. Essayez-le afin de voir si cela fonctionne avec elle.

❖ Aidez-la à s'habiller, si elle éprouve des difficultés. Toutefois, laissez-la se déshabiller seule parce que cela est plus facile. Ainsi, elle se sentira plus autonome en effectuant cette activité elle-même.

## LORSQUE VOUS DEVEZ L'HABILLER

❖ Procurez-lui des vêtements faciles à enfiler, ou adaptez les siens de façon à vous rendre la tâche plus facile (voir à ce propos le chapitre Motricité).

❖ Continuez de l'habiller, si vous en êtes capable, lorsqu'elle est alitée. Il est important pour son estime et sa fierté qu'elle le soit. D'autant plus que cela contribue à l'orienter dans le temps, à savoir si c'est le jour ou la nuit, compte tenu des vêtements qu'elle porte.

❖ Ne vous obstinez pas si sa rigidité musculaire vous empêche de lever ses bras pour lui enfiler un chandail. Ne la forcez jamais. Attendez un peu et réessayez plus tard. Sinon, faites-lui porter des robes, des chemises ou des jaquettes ouvertes au dos, qui seront plus faciles à enfiler.

## SOYEZ STRATÉGIQUE !

❖ Évitez de la contrarier si elle prétend avoir mis des vêtements propres alors qu'ils ne le sont pas.

❖ Dépêchez-vous de remplacer ses vêtements souillés par des vêtements propres lorsqu'elle est endormie (le matin ou le soir) ou dans le bain (si elle peut prendre son bain sans votre surveillance). Il arrive fréquemment, en effet, que la personne tienne fermement à toujours porter les mêmes vêtements. Elle peut, entre autres, oublier de se changer ou se sentir en sécurité en portant les mêmes habits puisqu'elle les reconnaît et y est confortable.

❖ Achetez-lui trois ou quatre chandails identiques si elle s'obstine à toujours vouloir porter le même. Ainsi, vous pourrez le substituer au chandail souillé sans qu'elle s'en aperçoive.

❖ Achetez des vêtements lavables à la machine, sans séchage ni repassage lorsque c'est possible. Vous aurez ainsi moins de travail à faire. De plus, ces vêtements sont en général assez confortables.

❖ Achetez plusieurs paires de bas d'une même couleur si elle a tendance à en mettre deux de couleurs différentes, ou si elle tend à les égarer.

❖ Ayez du temps devant vous lorsque vous l'aidez à s'habiller. Si elle se sent pressée, elle pourrait s'énerver et rendre le tout plus difficile et plus long.

❖ Évitez de lui acheter des vêtements avec de gros motifs ou des contrastes importants. Choisissez des vêtements sobres et d'une couleur pas trop voyante. Cela aura l'avantage de ne pas augmenter sa confusion. Notamment, elle pourrait refuser de porter un chandail avec une grosse tête de lion, parce que celle-ci l'effraie.

❖ Renoncez à lui faire porter un pyjama la nuit si elle n'en a jamais porté, ou qu'elle refuse de se coucher parce qu'elle associe le fait de s'habiller au début de la journée.

Consultez le chapitre Motricité pour être renseignée sur la façon adéquate de venir en aide à la personne lorsque sa motricité est atteinte et que vous devez adapter ses vêtements. ❖

# CONCLUSION

Étant donné que la maladie d'Alzheimer n'est jamais envisagée avant qu'elle ne s'impose au sein d'une famille, il est normal qu'elle en bouleverse tous les membres. C'est pourquoi il n'est pas simple d'adopter un nouveau mode de relation et de fonctionnement sans rencontrer un certain nombre d'embûches. Ainsi, il arrivera que vous échouerez dans votre désir d'aider la personne en employant des stratégies mal adaptées à ses déficits ou en adoptant ces stratégies à un moment inopportun. Toutefois, ce difficile apprentissage vous apportera une meilleure connaissance de la maladie et des moyens d'y faire face.

Les conseils proposés dans ce livre ne prétendent pas supprimer complètement les conséquences de la maladie pour la personne qui en est atteinte, ni pour son entourage. Ils ne constituent pas non plus une liste exhaustive de tout ce qui peut être tenté pour faciliter le maintien d'une vie quotidienne acceptable.

Néanmoins, ce livre est un guide que vous pourrez adapter à votre situation et ce autant en fonction de vos besoins et capacités que de ceux de la personne atteinte.

En somme, quelle que soit la situation que vous rencontrerez, l'essentiel du message de ce livre se résume à ces cinq règles de base : ne pas contrarier la personne ou s'obstiner avec elle ; répéter souvent les consignes ou les messages ; faire de la diversion lorsqu'il y a un problème ; vous concentrer sur ce que la personne est toujours en mesure de faire, plutôt que sur les déficiences que la maladie lui occasionne ; et utiliser votre sens de l'humour.

Enfin, dans le but de répondre aux véritables besoins des familles qui ont la charge d'une personne atteinte de cette maladie, je vous invite à m'écrire. Vos précisions, commentaires et suggestions quant aux moyens proposés, m'aideront à m'ajuster dans le cas où ce livre ferait l'objet d'une seconde édition*.

* Prière d'envoyer votre courrier aux Éditions du Méridien, 550, rue Sherbrooke Ouest, bureau 870, Montréal (Québec) H3A 1B9.

# LEXIQUE

❖ **AGNOSIE**

Incapacité de reconnaître une personne ou un objet alors que les sens (la vue, l'ouïe, l'odorat, le toucher et le goûter) nécessaires à cette identification sont en bon état. Ce trouble est dû à une lésion du cortex cérébral (une partie du cerveau) et ne met en cause ni l'intelligence de la personne, ni la méconnaissance de la personne ou de l'objet à identifier.

❖ **APHASIE**

Trouble du langage (parlé et écrit) qui se manifeste d'abord par un problème *d'expression*, c'est-à-dire une difficulté à trouver les mots justes qui expriment la pensée, et une déformation des mots, auquel s'ajoute un problème de *compréhension*. (Il existe plusieurs formes d'aphasie qu'il ne semble pas essentiel d'expliciter davantage ici.)

❖ **APRAXIE**

Perte de la capacité d'exécuter volontairement une suite de mouvements coordonnés en fonction d'un but, tout en conservant la pleine connaissance de l'acte à accomplir. Ceci inclut la manipulation d'objets, l'imitation de gestes comme le salut militaire et la reproduction de dessins simples.

❖ **CLSC**

Le Centre local de services communautaires a, entre autres, le mandat d'offrir des services à domicile aux

personnes en perte d'autonomie afin de les maintenir dans leur milieu familial.

### ❖ CONFUSION

Trouble de la conscience qui se caractérise par des
problèmes d'attention, d'association d'idées, de
mémoire, de désorientation, de jugement.

### ❖ DÉFICITS COGNITIFS

Altération ou perte des fonctions intellectuelles
sollicitées dans le processus d'apprentissage, dont
l'intelligence globale, la concentration, la mémoire,
le jugement, le langage, la perception et le raisonnement.

### ❖ DÉSORIENTATION

Incapacité de décoder et d'utiliser des repères pour
se situer dans le temps (l'heure, la date, les saisons)
et dans l'espace (sur la rue, à l'intérieur d'un magasin
ou de la chambre).

### ❖ DEXTÉRITÉ

Capacité d'exécuter avec adresse et habileté une
action à l'aide des mains.

### ❖ ERGOTHÉRAPEUTE

La personne qui donne les traitements d'ergothérapie.

### ❖ ERGOTHÉRAPIE

Méthode de traitement et de rééducation offerte aux
personnes handicapées physiquement ou intellectuel-
lement, qui consiste à leur faire réaliser un travail
adapté en fonction de leurs capacités fonctionnelles
limitées.

## ❖ FAUTEUIL GÉRIATRIQUE

Fauteuil adapté pour les personnes en perte d'auto-nomie, muni d'une tablette servant d'appui, de table pour manger et de contention (puisque la personne ne peut se lever une fois qu'elle y est assise). Il permet aussi un positionnement confortable puis-qu'il peut se basculer afin que la personne soit dans une position semi-couchée.

## ❖ MUSICOTHÉRAPIE

Méthode de traitement thérapeutique qui utilise la musique. Elle est notamment employée pour la prévention des suicides, dans le traitement de l'alcoolisme, de l'insomnie et de certaines maladies psychiatriques.

## ❖ POPOTE ROULANTE

Service qui consiste à préparer et à livrer des repas à domicile aux personnes en perte d'autonomie et incapables de se déplacer. Informez-vous auprès de votre CLSC pour des informations quant aux coûts et aux critères d'admissibilité.

## ❖ ZOOTHÉRAPIE

Traitement thérapeutique avec la présence d'ani-maux, employé, entre autres, pour augmenter l'estime de soi par l'aptitude à prendre soin de l'animal, pour favoriser l'expression verbale et pour établir une relation affectueuse et réciproque.

# LISTE DES SOCIÉTÉS ALZHEIMER

## ❖ FÉDÉRATION QUÉBÉCOISE DES SOCIÉTÉS ALZHEIMER (Bureau provincial)

1474, rue Fleury Est
Montréal (Québec) H2C 1S1
☎ Tél. : (514) 388-3148
   Téléc. : (514) 381-3462

## ❖ SOCIÉTÉ ALZHEIMER DE MONTRÉAL

3974, rue Notre-Dame Ouest
Montréal (Québec) H4C 1R1
☎ Tél. : (514) 931-4211
   Téléc. : (514) 931-0874

## ❖ SOCIÉTÉ ALZHEIMER DU HAUT-RICHELIEU

Case postale 485
Saint-Jean-sur-le-Richelieu (Québec) J3B 6Z8
☎ Tél. : (514) 347-5500
   Téléc. : (514) 346-6914

## ❖ SOCIÉTÉ ALZHEIMER DE LA RIVE-SUD

33, rue Argyle, bur. 405
Saint-Lambert (Québec) J4P 3P5
☎ Tél. : (514) 672-4899
   Urgence : (514) 655-2473

❖ **SOCIÉTÉ ALZHEIMER DES MASKOUTAINS-VALLÉE DES PATRIOTES**
2650, rue Morin, bur. 124
Saint-Hyacinthe (Québec) J2S 8H1
☎ Tél. : (514) 778-1144, poste 124
  Téléc. : (514) 778-1899

❖ **SOCIÉTÉ ALZHEIMER DE LANAUDIÈRE**
973, rue Allard
L'Assomption (Québec)
J5W 2S6
☎ Tél. : (514) 589-6119
  Téléc. : (514) 589-6119

❖ **SOCIÉTÉ ALZHEIMER DE GRANBY ET RÉGION ENVIRONNANTE**
179, rue Principale
Granby (Québec)
J2G 2V5
☎ Tél. : (514) 777-3363

❖ **SOCIÉTÉ ALZHEIMER DES LAURENTIDES**
37, rue principale Est, 2e étage
Case postale 276
Sainte-Agathe des Monts (Québec)
J8C 3A3
☎ Tél. : (819) 326-7136

### ❖ SOCIÉTÉ ALZHEIMER DE L'OUTAOUAIS QUÉBÉCOIS

331, boul Cité des Jeunes
Hull (Québec)
J8Y 6T3
☎ Tél : (819) 777-4232
Téléc. : (819) 825-2535

### ❖ SOCIÉTÉ ALZHEIMER DE LA VALLÉE DE L'OR

Foyer de Val d'Or
1212 avenue Brébeuf
Val-d'Or (Québec)
J9P 2C9
☎ Tél. : (819) 825-3093

### ❖ SOCIÉTÉ ALZHEIMER DE ROUYN-NORANDA

Case postale 336
Rouyn-Noranda (Québec)
J9X 5C3
☎ Tél : (819) 764-3554

### ❖ SOCIÉTÉ ALZHEIMER DE L'ESTRIE

Hôpital d'Youville
1036, Belvédère Sud, local 0212
Sherbrooke (Québec)
J1H 4C4
☎ Tél. : (819) 821-5127
Téléc. : (819) 821-2065

❖ **SOCIÉTÉ ALZHEIMER DE LA MAURICIE**
1765, boul. Saint-Louis
Trois-Rivières (Québec)
G8Z 2N7
☎ Tél. : (819) 376-7063
    Téléc. : (819) 376-3538

❖ **SOCIÉTÉ ALZHEIMER DU SAGUENAY
LAC ST-JEAN**
70, avenue Saint-Joseph Sud
Alma (Québec)
G8B 3E4
☎ Tél. : (418) 668-0161

❖ **SOCIÉTÉ ALZHEIMER DE QUÉBEC**
830, rue Ernest-Gagnon, bureau 109-4
Québec (Québec)
G1S 3R3
☎ Tél. : (418) 527-4294
    Téléc. : (418) 527-9966

❖ **SOCIÉTÉ ALZHEIMER DE LA GASPÉSIE
ET DES ÎLES-DE-LA-MADELEINE**
Case postale 373
Gaspé (Québec)
G0C 1R0
☎ Tél : (418) 368-7208

# BIBLIOGRAPHIE

## EN FRANCAIS

ALBAREDE J.L. (sous la direction de) (1987), *Démences séniles de type Alzheimer : Reconnaître et agir,* Paris, Institut de produits de synthèse et d'extraction naturelle (IPSEN), 35 pages.

GAUVREAU Denis et GENDRON Marie (1994), *Questions réponses sur la maladie d'Alzheimer : guide à l'usage de la famille et des proches,* Montréal, Édition le jour, 172 pages.

GUIRAUD-CHAUMEIL B. (coordonnateur) (1989), *Maladie d'Alzheimer,* 47e Congrès français de médecine, Paris, Masson Éditeur, 100 pages.

LÉVESQUE Louise, MAROT Odette (1988), *Un défi simplement humain : des soins pour les personnes agées atteintes de déficits cognitifs,* Montréal, Édition du renouveau pédagogique, 127 pages.

MAHEU Suzanne (1991), *Guide de formation destiné aux animateurs de groupe de soutien Alzheimer,* Montréal, Société Alzheimer de Montréal, 264 pages.

MAJOR LAPIERRE Ruth (1988), *L'Alzheimer : vivre avec l'espoir,* Paris, Édition Sand et Montréal, Éditions Québecor, 237 pages.

MICAS Michèle (1988), *Comment vivre avec une personne agée : Des trous de mémoire à la maladie d'Alzheimer,* Paris, Josette Lyon, 137 pages.

SOCIÉTÉ ALZHEIMER DU CANADA (1993), *Registre personnel des soins,* Toronto, Société Alzheimer du Canada, 32 pages.

SOCIÉTÉ CANADIENNE D'HYPOTHÈQUE ET DE LOGEMENT (1992), *La maladie d'Alzheimer chez soi : comment créer un environnement adapté au malade,* Ottawa, Société Canadienne d'Hypothèque et de logement, 16 pages, (première édition 1990).

## EN ANGLAIS

BEISGEN Beverly Ann (1989), *Life enhancing activities for mentally impaired elders : a practical guide,* New York, Springer, 317 pages.

BROWN Dorothy S.(1984), *Handle with care. A question of Alzheimer's,* Buffalo, Prometheus Books, 120 pages.

CARMEL Sheridan (1988), *Failure free activities for the Alzheimer's patient. A guide for caregivers,* Cottage book, 104 pages.

COONS Dorothy H., METZELAAR Lena, ROBINSON Anne and SPENCER Beth (1986), *A better life : Helping family members, volonteers and staff improve the quality of life of nursing home residents suffering from Alzheimer's disease and related disorders,* Columbus (Ohio), The Source for Nursing Home Literature, 228 pages.

CUMMINGS Jeffrey L. et MILLER Bruce L. (1990), *Alzheimer's disease : Treatment and long-term management,* New York, Marcel Dekker inc., 390 pages.

DIPPEL Raye Lynn et HUTTON J. Thomas (1991), *Caring for the Alzheimer patient : a practical guide,* Buffalo, Prometheus Books, 192 pages (première édition 1988).

FORSYTHE Elisabeth (1990), *Alzheimer's disease : the long bereavement,* London, Faber and Faber, 114 pages.

GRUETZNER Howard (1988), *Alzheimer's : a caregiver's guide and sourcebook,* New York, John Wiley and Sons, 255 pages.

GWYTHER Lisa P.(1985), *Care of Alzheimer's patients : A manuel for nursing home staff,* American Health Care Association et Alzheimer's Disease and Related Disorders Association, 122 pages.

HAMDY Ronald C. (1994), *Alzheimer disease : a handbook for caregivers,* Toronto, Mosby Year Book, 460 pages, (première édition 1990).

KINDIG Mary Norton et CARNES Molly (1993), *Coping with Alzheimer's disease and other dementing illness*, San Diego, Singular Publishing Group, 296 pages.

KOCH Edward I. et SAINER Janet S. (1985), *Caring, A family guide to managing the Alzheimer's patient at home*, New York, The New York city Alzheimer ressource center, 109 pages.

MACE Nancy L. et RABINS Peter V. (1992), *The 36 hour day*, Baltimore, Warner book, 422 pages (première édition 1981).

MARKIN R. E. (1992), *The Alzheimer's cope book : the complete care manuel for patients and their families*, Secausus, (New Jersey), Carol Publishing Group, 110 pages.

OLIVER Rose et BOCK Frances A. (1987), *Coping with Alzheimer's : a caregiver's émotional survival guide*, New York, Dodd, Mead and Company, 230 pages.

PROCHAZKA Zsoka, HENSCHKE Philip, SKINNER Helen et LAST Peter (1983), *Demantia : Memory loss and confusion*, South Australian Health Commission, 42 pages.

RAU Marie Therese (1993), *Coping with communication challenges in Alzheimer's disease*, San Diego, Singular Publishing Group, 211 pages.

ROBINSON A., SPENCER B. et WHITE R. (1988), *Understanding difficult behavior. Some practical suggestions for coping with Alzheimer disease and related illness*, Geriatric Education Center of Michigan, 77 pages.

SCHIFF Myra (1989), *Alzheimer : a Canadian family resource guide,* Toronto, Mc Graw-Hill, 186 pages.

WOLF-KLEIN Gisèle P. et LEVY Arnold P.(1992), *Keys to understanding Alzheimer's disease*, Hauppauge (New Jersey) Barron's Educational Series, 154 pages.

ZARIT Steven H., ORR Nancy K. et ZARIT Judy M. (1985), *The hidden victims of Alzheimer's disease. Families under stress*, New York, New York University Press, 218 pages.

ZGOLA Jitka M. (1987), *Doing things : a guide to programing activities for persons with Alzheimer's disease and related disorders*, Baltimore, Johns Hopkins University Press, 149 pages.

ACHEVÉ D'IMPRIMER
CHEZ
MARC VEILLEUX,
IMPRIMEUR À BOUCHERVILLE,
EN OCTOBRE MIL NEUF CENT QUATRE-VINGT-DIX-SEPT